数字图书馆建设路径与服务模式创新研究

李 玮 著

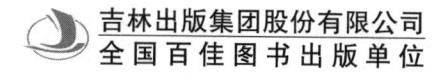

吉林出版集团股份有限公司
全国百佳图书出版单位

图书在版编目（CIP）数据

数字图书馆建设路径与服务模式创新研究 / 李玮著.
-- 长春：吉林出版集团股份有限公司，2022.9
 ISBN 978-7-5731-2282-7

Ⅰ.①数… Ⅱ.①李… Ⅲ.①数字图书馆－建设－研究②数字图书馆－图书馆服务－研究 Ⅳ.①G250.76

中国版本图书馆CIP数据核字(2022)第176500号

SHUZI TUSHUGUAN JIANSHE LUJING YU FUWU MOSHI CHUANGXIN YANJIU
数字图书馆建设路径与服务模式创新研究

著　者	李　玮
责任编辑	杨　爽
装帧设计	肖慧娟

出　版	吉林出版集团股份有限公司
发　行	吉林出版集团社科图书有限公司
地　址	吉林省长春市南关区福祉大路5788号　邮编：130118
印　刷	唐山富达印务有限公司
电　话	0431-81629711（总编办）
抖音号	吉林出版集团社科图书有限公司　37009026326

开　本	787 mm×1092 mm　1 / 16
印　张	10.5
字　数	150千
版　次	2023年1月第1版
印　次	2023年1月第1次印刷

书　号	ISBN 978-7-5731-2282-7
定　价	50.00元

如有印装质量问题，请与市场营销中心联系调换。0431-81629729

前　言

在当今社会生活中,网络已成为不可或缺的一部分,再加上现代化信息技术的飞速发展,人类社会已进入现代化的信息网络时代。自数字图书馆这一概念诞生以来,数字图书馆的建设与发展便成了学术界研究的重要对象。数字时代的图书馆将是多种媒介信息的混合图书馆,作为图书馆核心的信息系统面临着巨大的变化,数字图书馆的服务功能呈现出全新的一面,为适应数字时代的生存与竞争,图书馆必须做好全方位的准备。

本书首先从数字图书馆的含义、特点与作用方面对数字图书馆进行了概述,其次对数字图书馆信息存储与检索、图书馆数字化建设与管理、数字图书馆的服务进行了梳理与分析,最后对数字信息资源服务与资源配置利用进行了深入探讨。希望本书能够为读者提供数字图书馆建设路径与服务模式创新研究方面的帮助。

在写作本书的过程中,笔者参阅了相关文献资料,在此,谨向其作者深表谢忱。

由于笔者水平有限,疏漏和缺点在所难免,希望得到广大读者的批评指正,并衷心希望同行不吝赐教。

李　玮

2022 年 4 月

目 录

第一章　数字图书馆概述 ………………………………………… 1

　第一节　数字图书馆的含义 …………………………………… 1

　第二节　数字图书馆的特点与作用 …………………………… 5

第二章　数字图书馆信息存储与检索 …………………………… 12

　第一节　数据的存储与备份 …………………………………… 12

　第二节　数据压缩技术 ………………………………………… 21

　第三节　信息检索技术 ………………………………………… 31

　第四节　跨语言信息检索 ……………………………………… 42

第三章　图书馆数字化建设与管理 ……………………………… 52

　第一节　图书馆自动化系统的建设与管理 …………………… 52

　第二节　数字图书馆的建设与管理 …………………………… 58

　第三节　图书馆特色数据库的建设与管理 …………………… 62

　第四节　图书馆网络信息服务的管理 ………………………… 71

第四章　数字图书馆的服务 ……………………………………… 89

　第一节　数字图书馆的虚拟服务 ……………………………… 89

　第二节　数字图书馆的推送服务 ……………………………… 97

　第三节　数字图书馆的定题服务 ……………………………… 102

　第四节　数字图书馆的个性化服务 …………………………… 107

第五节　数字图书馆用户培训 ………………………………………… 115

第五章　数字信息资源服务与资源配置利用 ………………………… 119

　　第一节　数字信息资源组织 …………………………………………… 119

　　第二节　数字信息资源服务 …………………………………………… 130

　　第三节　图书馆的数字信息资源 ……………………………………… 144

　　第四节　数字信息资源的配置 ………………………………………… 150

　　第五节　数字信息资源的利用 ………………………………………… 154

参考文献 …………………………………………………………………… 160

第一章 数字图书馆概述

第一节 数字图书馆的含义

一、对数字图书馆概念的相关叙述

随着信息技术的快速发展,人们对数字图书馆有了更为深入和广泛的认识与理解。并且由于出发点和落脚点的差异,对数字图书馆的定义形成了许多不同说法,可以说是仁者见仁,智者见智。这里我们并不试图整合这些定义或明确支持其中的某一观点,而是摘录其中部分较有代表性的定义作为参考。

国际图书馆协会联合会(International Federation of Library Associations and Institutions,IFLA)关于数字图书馆的定义是:数字图书馆是高质量数字化馆藏的在线汇集,依据国际普遍接受的馆藏发展原则制作、收藏和管理,以协调统一和可持续的方式开放馆藏,并辅以必要的服务,使读者能够借阅和使用其资源。

2001 年美国总统信息技术咨询委员会(President's Information Technology Advisory Committee,PITAC)报告《数字图书馆:获取人类知识的通用途径》中定义:"数字图书馆:获取人类知识的通用途径。所有公民在任何时间、任何地点都可以使用与互联网连接的数字设备,搜寻到所有人类知识。通过利用互联网,他们可以访问到由传统图书馆、博物馆、档案馆、大学院校、政府机构、专门组织,甚至世界各地的个人所创建的数字藏品。这些新的图书馆提供的是传统图书馆、博物馆、档案馆的馆藏资料的数字版本,其中包括文本、文件、视频、声音及图像。它们所提供的强大技术实现能力,使用户能够改善其查询功能,对查询结果进行分析,并且改变信息的形式以便交互。高速网络使各个不同数字图书馆群的用户能够协同工作,对其各种发现进行相互交流,并使用仿真环境、科学遥感仪器、流式音频和视频。不管数字信息存放的物理位置在什么地方,先进的搜索软件都能找到,并及时提供给用户。在这样的美好前景中,任何教室、任何群体和个人都会与世界最大的知识资源近在咫尺。"

数字图书馆并不仅仅是一个有着信息管理工具的数字收藏的等价词,更是一个环境,它将收藏、服务和人相互联系起来以支持数据、信息,乃至知识的全部流程,包括从创造、传播、使用到保存的全过程。

美国研究图书馆协会(Association of Research Libraries,ARL)归纳了流行的数字图书馆的各种定义中具有共性的五个要素:数字图书馆不是一个单一实体;数字图书馆需要链接许多信息资源的技术;多个数字图书馆及信息机构之间的链接对最终用户透明;全球范围存取数字图书馆与信息服务是一个目标;数字图书馆的收藏并不局限于文献的数字化替代品,还扩展到不能以印刷形式表示或传播的数字化人造品。

美国数字图书馆联盟(Digital Library Federation,DLF)对数字图书馆的定义是:数字图书馆是一个拥有专业人员等相关资源的组织,该组织对数字式资源进行挑选、组织,提供智能化存取、翻译、传播、保持其完整性和永存性等工作,从而使得这些数字式资源能够快速且经济地被特定的用户或群体所利用。

康奈尔大学(Cornell University)的名誉教授威廉·Y.阿姆斯(William Y. Arms)在其专著《数字图书馆概论》(*Digital Libraries*)中对数字图书馆的定义是:具有服务功能的整理过的信息收藏,其中信息以数字化格式存储并可通过网络存取。该定义的关键在于信息是整理过的。

中国工程院院士高文对数字图书馆的定义是:数字图书馆是以电子方式存储海量的多媒体信息并能对这些信息资源进行高效的操作,如插入、删除、修改、检索、提供访问接口的信息保护等。它具有三个核心定位:数字图书馆应该是一个国家数字文化平台;还应该是一个国家数字教育平台;也是一个国家数字资源。

二、对数字图书馆概念的理解

由于描述者角度、观点和方法的差异,上述数字图书馆的概念也各有不同。有的倾向于将数字图书馆看作一个宏观的信息聚合和服务体,如 PITAC 的报告;有的倾向于将其看作一个具体的功能实体,如 IFLA 的定义;而有的则更加明确地将其界定为现有服务体的延伸,如美国研究图书馆协会关于数字图书馆的定义。

但是无论哪种描述,都明确地显示出数字图书馆绝不仅仅是传统图书馆的数字化,而且是在新的时代、新的背景下,全新的信息化、数字化、网络化的知识管理和服务体系。不过,这种理念性的说明在现实中还会遇到一些问题。

首先,现代图书馆工程建设中往往包含大量的信息化建设工作,因此在建设方案中往往将图书馆建设与数字图书馆建设并提,最典型的就是国家图书馆二期工程和数字图书馆工程的建设。这就使得普通读者时常难以区分两者的关系与差别,因而常常认为数字图书馆是图书馆的一个功能组成,或者干脆将图书馆建筑信息化和业务流程的自动化看作数字图书馆。

其次,由图书馆建设的数字图书馆工程往往既包括馆内环境建设,又包括数字资源服务,还包括馆内传统业务信息化改造等工作;而由网络信息服务商建设的数字图书馆项目通常只有数字资源服务,而不存在场地和场馆信息化问题。即使都是数字资源服务,图书馆自主建设的数字图书馆和网络信息服务商提供的数字资源服务在服务内容、方式上也往往存在较大的差异。而这些都很难直接利用上述数字图书馆的定义来区分。

数字图书馆的建设和发展本身就是一个循序渐进、逐步实现的过程,对于它的理解和认识也必然是一个逐步变化和完善的过程,并与当时社会经济环境、技术条件和人类认识水平直接相关。因此,在这个过程中就会出现一些阶段性的相关定义,如自动化图书馆、数字化图书馆以及最新的云图书馆等。

三、数字图书馆与传统图书馆的差别

关于数字图书馆的定义,我们可以这样认为,即数字图书馆是以信息化思路为核心建设理念,以数字化服务为主要手段的网络信息服务体。它诞生于工业社会向信息社会转型的时期,并将在信息社会中承担重要的信息和知识服务功能。

首先,数字图书馆的服务内容,也就是信息本身以及信息服务必须是数字化的,而不仅仅是对于传统纸质书籍的阅读和借还业务。这就意味着数字资源的收集和整理将是数字图书馆一切活动的前提,如 RFID、自助借还书系统、网络订阅和催还等服务,它们虽然也是信息技术应用成果,但都不属于数字图书馆的业务范围。

其次,数字图书馆的建设和服务理念必须是以信息化思路为先导的,而不是试图将现有图书馆业务通过数字化形式来展现。虽然数字图书馆起源于人们对图书馆传统业务的改造,是图书馆在数字环境下的一种再现,但是数字世界有其自身的规律和特点,人们建设数字图书馆就要严格遵循信息时代的规则,而不是因循守旧于传统业务。比如,在数字服务中使用"册"数来约束用户并发数量,虽然看起来是版权问题,但实质是传统业务理念和业务思维的制约所致,与信息化的思路格格不入。

最后,在工业社会向信息社会转型过程中,数字图书馆也处在不断发展变化的状态,并随着整个社会信息化的进步而进步。数字图书馆的建设离不开其所处的社会信息化背景,所以不可能超越这一时代环境,直接实现理论上理想的知识服务。这主要不是技术层面的问题,而是涉及整个社会经济生活与人们的行为和思维习惯的问题。

关于数字图书馆与传统图书馆的差异,还有一种更为简洁的观点,那就是"数字图书馆非图书馆"。根据这一观点,"数字图书馆"这一名称是由英文"Digital Library"直译而来,其本义强调的是"Library"作为"库"的概念,而不是"图书馆",只是由于人们已经习惯于将其翻译为"数字图书馆"而沿用至今。"数字图书馆之所以被称为数字'图书馆',更多的可能只是一种借用和比喻,象征着它在存储知识、传播知识方面具有与传统图书馆类似的功能和作用,而并未确定其属于传统意义上的图书馆之列。"

这一观点与前述内容中关于数字图书馆的定位与认识在核心观点上并无本质差异,但是鉴于我国现阶段数字图书馆建设常常与传统图书馆高度结合的现状,我们并不刻意强调这种"馆"与"库"的名称差异,而是更关注它们在具体发展和运行上的实际差异。

第二节 数字图书馆的特点与作用

一、数字图书馆的特点

探讨数字图书馆的特点是为了更好地利用数字图书馆,当前数字图书馆在网络环境下呈现出六大特征:信息资源数字化、信息内容动态化、信息组织智能化、信息服务网络化、信息利用共享化、信息服务知识化。

(一)信息资源数字化

信息资源数字化是数字图书馆的内容特征。数字图书馆与传统图书馆的最大区别在于,数字图书馆的本质特征就是信息资源存储与传递的数字化。数字是信息的载体,信息依附于数字而存在,离开了数字化的信息资源,数字图书馆就成了无源之水、无本之木。因此,在数字图书馆建设初期,主要任务是资源的数字化,只有有了充足的数字化资源,数字图书馆才会有根基,数字图书馆才能利用各种技术手段为用户提供服务。

(二)信息内容动态化

信息内容动态化是数字图书馆的形式特征。数字图书馆将图书、期刊、数据库、网页、多媒体资料等各类信息载体与信息来源在知识单元的基础上有机地组织并连接起来,以动态分布方式为用户提供服务。

(三)信息组织智能化

信息组织智能化是数字图书馆的结构特征。数字图书馆不仅组织和提供信息,而且是一个促进信息传递、获取、交流的知识网络,能够提供附加值更高的知识以及知识导航的服务。随着计算机技术和网络技术的发展,数字图书馆将不断向智能化方向发展。

(四)信息服务网络化

在信息资源数字化的基础上,数字图书馆需要通过以网络为主的信息基础设施来实现,其服务范围是传统图书馆无法比拟的。计算机网络把分散在各地的网络资源有效地连接起来,通过网络进行分布式的管理和存取,使用户能够在网络到达的任何地方,不受时间、地点的约束,自由而便捷地利用多种方式获取自己所需的信息。网络化技术的发展为数字图书馆无缝服务提供了便捷,数字图书馆可以在任何时间、任何地点,为任何人提供所需要的服务。

(五)信息利用共享化

在数字化和网络化的基础上,数字图书馆的信息利用既体现出跨地域、跨行业的资源无限与服务无限的特征,又体现出跨地域、跨国界的资源共建的协作化与资源共享的便捷性。信息传递的网络化,使得众多图书馆能够借助网络获取各类数字信息,以满足用户日益增长的信息需求。就技术上而言,世界各地的人们都可以通过互联网访问任何一个数字图书馆,对其信息资源进行权限内的自由使用。这种使用不受地理位置和时间的影响,使数字图书馆真正实现信息资源在全球范围内的充分共享。

(六)信息服务知识化

知识服务以互联网信息进行搜索查询为基础,为用户提供有用的信息和知识。一般来说,互联网可以提供新闻摘要、问答式检索、论坛服务、博客搜索、网站排名、情感计算、倾向性分析、热点发现、聚类搜索、信息分类等知识服务。知识服务与知识管理等概念的提出同技术的发展密切相关,其内涵也在不断发展变化。张晓林对知识服务进行了总结,认为知识服务首先是一种观念,一种认识和组织服务的观念。从观念上看,知识服务不同于传统的信息服务,主要表现在以下五个方面:

(1)知识服务是用户目标驱动的服务,它关注的焦点和最后的评价不是"我是否提供了您需要的信息",而是"通过我的服务是否解决了您的问题"。传统的信息服务基点、重点和终点则是信息资源的获取。

(2)知识服务是面向知识内容的服务,非常重视用户需求分析,根据问题和问题环境确定用户需求,通过信息的析取和重组来形成符合需要的知识产品,并能够对知识产品的质量进行评价,因此又称为基于逻辑获取的服务。传统信息服务则是基于用户简单提问和文献物理获取的服务。

(3)知识服务是面向解决方案的服务,其关心并致力于帮助用户找到或形成解决方案,因为信息和知识的作用最主要体现在对解决方案的贡献上。解决方案的形成过程,又是一个对信息和知识不断查询、分析、组织的过程,因为知识服务将围绕解决方案的形成和完善而展开,与此对应的传统信息服务则满足于具体信息、数据或文献的提供。

(4)知识服务是为用户解决问题工程的服务,是用户进行知识捕获、分析、重组、应用过程的服务,根据用户的要求来动态和连续地组织服务,而不是传统的基于固有过程或固有内容的信息服务。

(5)知识服务是面向增值服务的服务,其关注和强调利用自己独特的知识和能力,对现成文献进行加工形成新的具有独特价值的信息产品,为用户解决其他知识和能力所不能解决的问题。知识服务希望自己的产品或服务成为用户认为的核心部分之一,通过知识和专业能力为用户创造价值,通过显著提高用户知识应用和知识创新效率来实现价值,通过直接介入用户过程的最可能部分和关键部分来提高价值,而不仅仅是基于资源占有、规模生产等来体现价值。

二、数字图书馆的作用

信息技术、通信技术、网络技术等的发展推动了数字图书馆建设的迅速发

展,数字图书馆建设对一个组织、一个国家,甚至全世界影响重大。其作用具体可以概括为以下六点:

(一)数字图书馆是一个数字资源中心

在传统图书馆向数字图书馆转化过程中,积累了大量的资源,为了能更好地保存资源、利用资源,资源的数字化是一种有效手段。经过十多年的发展变化和日积月累,数字图书馆拥有了海量的数字资源,此类资源包括卫星、遥感、地理、地质、测绘、气象、海洋等科学技术数据和人口、经济统计数据等。数字图书馆的建设很大程度上首先是一个数字资源中心的建设。数字图书馆的资源主要来源于早期的纸质资源数字化。近几年随着网络技术的发展,电子出版物日益成为数字图书馆数字资源的主要来源。目前互联网也是数字图书馆数字资源一个庞大的来源地,通过对网络资源的加工整理,越来越多的资源可供数字图书馆使用。

数字图书馆首先是资源的数字化,只有充足的数字化资源,才能通过网络为广大用户提供优质的信息服务与知识服务。

(二)数字图书馆是一个教育平台

在现代社会工作生活环境下,人们需要进行终身学习。但限于时间原因,每个人重新走入大学学习是不太现实的。因此,在网络化数字环境下,数字图书馆成为业余教育中心、在职教育中心,甚至趣味教育中心。在这里,人们可以开展各种有益的学习与沟通,进行文化的、休闲的、娱乐的学习,能丰富人们的生活,促进人们素养的提高,为整个人类发展做出贡献。

(三)数字图书馆是传承文化的平台

图书馆承担着保存和传承人类文明的重要职责。在人类社会数千年的历史发展进程中,图书馆随着社会的发展而发展。在我国,图书馆的发展已有百年历史。改革开放后,我国形成了相对完善的公共图书馆服务体系,为提升全民族素质、推动社会文明进步做出了重要贡献。

数字图书馆也是传承文化的平台,通过数字图书馆,各种文化在这里得以延伸,人们通过网络,就可以更方便地了解和学习各国文化历史;同时,它也为各民族、各国家文化的继承与发展提供了便捷的工具平台。这里所指的文化平台主要包括图书馆、博物馆、档案馆、大学、政府部门提供的各种文化资源。人们通过此平台可以便捷地获取有关历史文化知识,加深民族认同感。通过该平台可以向世界展示各自的经济文化以及各个方面的发展水平,为人类的文明进步和发展做出应有的贡献。

(四)数字图书馆是国家新信息基础设施的重要组成部分,成为国际高科技竞争中新的制高点

(1)数字图书馆将是21世纪全球文化科技竞争的焦点之一。这种竞争既是科学技术的竞争,也是文化和意识形态的竞争,更是知识经济时代的市场竞争。由于美国以信息产业带动经济高速发展已成为不争的事实,因此各主要发达国家及许多发展中国家也都纷纷制订自己的信息社会发展计划,以求在未来的竞争中立于不败之地。在信息化时代,谁最先掌握了技术和资源库,谁就掌握了先机。

(2)数字图书馆工程不仅是高科技项目,也是跨部门、跨行业的大文化工程,必须由政府出面来统一规划、组织和协调,并在资金和政策方面给予支持和保障。

(3)数字图书馆工程已经获得了可靠的技术保障和可观的效益前景。以美国为代表的数字图书馆的建立和运行,十分有效地获得了信息资源的增值效益,在资源建设和知识创新方面取得了明显的进展。同时,这些国家也明确了数字图书馆的基本构造、技术手段和运行方式,开发了相关技术和设备,并取得了十分宝贵的工程经验。

(4)不仅首先要开发数字图书馆,还要在此基础上,陆续把其他国家级的文化信息资源单位和行业,如图书馆、档案馆、博物馆、文化艺术、音像影视、新闻出

版、旅游、体育等有关的文化信息资源的精华,发展为数字式资源库,并用这些丰富的信息资源构成图书信息资源网,通过互联网向全球传播。

(5)建设中国数字图书馆工程,实际上也就是建设中文互联网。这对于我们继承和弘扬中华文化,力争在未来的全球性竞争中取得主动权具有重要的社会和经济意义。目前,已经有一些国家和地区在关注中文互联网的建设。如果我们不牢牢抓住机遇,就势必在中文信息表达方面失去主导地位,从而丧失巨大的社会效益和经济效益。

(五)数字图书馆是传统图书馆向现代化图书馆发展的必由之路

2011年在贵阳的图书馆学年会上,国家图书馆馆长、中国图书馆学会名誉理事长周和平较好地诠释了数字图书馆发展的必由之路。周和平指出,自20世纪90年代以来,计算机技术、网络技术和信息处理技术迅猛发展,深刻地改变了人们的学习方式、工作方式、生活方式和思维方式。20世纪70年代,第一台个人计算机出现。此后,计算机性能不断提高,迅速普及。与此同时,互联网开始进入人们的生活。1994年中国正式接入国际互联网,网络作为一种新的信息交流和通信工具,成为人们获取信息的重要来源。信息处理技术和多媒体技术飞速发展,并得到广泛应用,越来越多的文字、图片、声音、影像资料以数字形式保存和传输,成为影响社会发展的重要力量。

越来越多的国家认识到信息对于提高国际竞争力、增强综合国力的重要性,并相继提出了"信息高速公路"计划,建立信息网络,支持国家创新与经济社会发展,人类社会快步进入一个前所未有的信息化社会。在此背景下,数字图书馆作为网络环境下一种新的信息资源组织与服务形式应运而生。数字图书馆是网络环境和数字环境下图书馆新的发展形态,它利用现代信息技术,对海量、分布、异构的数字资源进行整合,形成有序的整体,通过各种媒体提供友好、高效的服务,使人们随时随地获取信息和知识。数字图书馆具有以下四个显著特点:海量的资源规模;有序的资源内容;基于多种媒体的服务;高度共享的平台。

正因为具有上述特点,数字图书馆作为图书馆发展的新形态,是图书馆在网络环境和数字环境下的必然选择和必由之路,其迅猛发展为传统图书馆提供了新的发展机遇和广阔的发展空间,大大提升了传统图书馆的服务能力,拓展了服务范围,丰富了服务手段,由此深刻地改变了人们的学习习惯和获取知识的方式,并越来越受到世界各国的普遍关注和社会公众的广泛欢迎。

(六)数字图书馆能加快全球信息化进程,实现知识共享,缩小数字鸿沟

数字鸿沟又称为信息鸿沟(Digital Divide,Digital Gap,Digital Division),本义是数字差距或者数字分裂。联合国开发计划署的顾问丹尼斯(Dannisi)指出,数字鸿沟实际上表现为一种创造财富能力的差距。

一些学者也认为,所谓的"数字鸿沟"应当被称为"知识鸿沟"或者"教育鸿沟"。在互联网时代,个人计算机的主要用途已经由计算转化为信息搜索、信息交换和信息处理了。所谓"知识鸿沟",就是一方面闲置着大量的劳动力;另一方面,这些劳动力却因为知识储备不足而无法被吸收到最具价值创造潜力的、占国民经济总额高于70%的经济过程中,从而不得不挤在只占国民经济价值总额30%以下的传统农业和工业部门内。数字鸿沟造成许多不均等的机会,主要表现为:富国的先行优势;美国国内贫富分化的社会问题;工作、学习和生活的分化。

数字鸿沟实际上是一种创造财富能力的差距。中国如何抓住机会实施方法得当的技术融入,跳过这一差距,直接进入信息技术和电子商务领域,是摆在我们面前的重要问题。

在数字时代,计算机与互联网是日常生活中最重要的部分,图书馆特别是公共图书馆为公众开启了一扇通往全球信息之门,将全世界的信息带到每个社区,使所有社区成员都能获取电子资源并发展其技能,使之参与全球经济活动中,这是图书馆对社区乃至国家的主要贡献。

正因为数字图书馆对社会影响巨大,各个国家、各个组织都在加紧实施数字图书馆工程项目,希望借此来加速信息、知识的共享,实现经济的新一轮发展。

第二章　数字图书馆信息存储与检索

第一节　数据的存储与备份

一、数字图书馆的存储设备

目前数字图书馆中应用的存储设备主要有磁盘阵列、磁带库、光盘库等,磁盘阵列、磁带库、光盘库等存储设备因其信息存储特点的不同,应用环境也有较大区别。磁盘阵列主要用于系统中海量数据的即时存取;磁带库更多的是用于系统中海量数据的定期备份;光盘库则主要用于系统中海量数据的访问。

(一)磁盘阵列

数字图书馆信息资源的海量规模对数据的存取速度提出了挑战,在现有的计算机数据存储载体中,硬盘的存取速度是最快的,因此得到了大量的应用。为了进一步提高磁盘设备的存储容量和速度,人们将多个磁盘设备组成并行存储系统,磁盘阵列由此而产生。RAID (Redundant Array of Inexpensive Disks,廉价磁盘冗余阵列)是将多个类型、容量、接口一致的专用硬磁盘或普通硬磁盘连成一个阵列,使其能以快速、准确和安全的方式来读写磁盘数据,从而提高数据读取速度和安全性的一种设备。

RAID由于采用数据分块技术,即在多块磁盘上交叉存放数据,使得多盘可以并行操作,提高了数据传输率与IO请求速率。同时,采用冗余容错技术,在出现磁盘损坏时,能通过数据重建手段恢复丢失的数据,提高了磁盘阵列的可靠性和可用性。根据各种应用系统的不同需求,人们设计了几种基本的RAID结构,基于这几种基本结构,又拓展出一些组合结构,以适应更广泛的需求,从而产生了一系列

RAID方案,称之为RAID级别。RAID 5是目前应用最广泛的RAID级别,它将各块独立硬盘进行条带化分割,相同的条带区进行奇偶校验,校验数据平均分布在每块硬盘上,构成阵列的磁盘不再有校验盘与数据盘之分。这种方式很好地保证了阵列的负载平衡,因此具有很好的集合数据传输率。RAID 5结构同样支持多盘的并发读写。RAID 5也具有良好的容灾性能,在单盘发生故障的情况下,可以根据校验数据计算故障盘上的相关数据,更换磁盘后进行数据重建。以n块硬盘构建的RAID 5阵列可以有n-1块硬盘的容量,存储空间利用率非常高。

由于磁盘阵列具有容量大、数据传输速率快、数据安全、空间利用率高、功耗小、体积小、成本低和便于维护的特点,它已成为目前数字图书馆存储数据的首选技术。

(二)磁带库

广义的磁带库产品包括自动加载磁带机和磁带库。自动加载磁带机是一个位于单机中的磁带驱动器和自动磁带更换装置,可以从装有多盘磁带的磁带匣中拾取磁带并放入驱动器中,或执行相反的过程。它可以备份数百GB的数据。自动加载磁带机能够支持例行备份过程,自动为每日的备份工作装载新的磁带。图书馆业务管理系统可以使用自动加载磁带机来自动完成备份工作。磁带库是一种可将多台磁带机整合到一个封闭机构中的箱式磁带备份设备,能够提供同样的基本自动备份和数据恢复功能,但同时具有更先进的技术特点。它的存储容量可达到数百PB(1PB=1048576GB),可以实现连续备份,自动搜索磁带,也可以在驱动管理软件控制下实现智能恢复、实时监控和统计,整个数据存储备份过程完全摆脱了人工干预。磁带库不仅数据存储量大得多,而且在备份效率和人工占用方面拥有很强的优势。在网络系统中,磁带库通过SAN(Storage Area Network,存储局域网络)系统可形成网络存储系统,很容易完成数据存储备份、远程数据访问,或通过磁带镜像技术实现多磁带库备份,无疑是数字图书馆网络应用的良好存储设备。

(三)光盘塔、光盘库和光盘网络镜像服务器

光盘是目前最好的多媒体海量信息存储载体或重要文献资料备份媒体,因为光盘不仅存储容量大,而且成本低,制作简单,体积小,信息保存时间长,因此,光盘普遍用于重要文献资料、视听材料、软件等媒体信息存储,供广大用户重复使用。然而,一张光盘的存储容量毕竟有限,对于海量信息存储的数字图书馆网络系统来讲是远远不够的。要想获得海量信息的网络存取,就必须将保存有大量不同信息的几十张甚至几百张光盘组合起来使用。

光盘塔是由多个小型计算机系统接口的 CD-ROM 驱动器并联而成的,可通过软件来控制某台光驱的读写操作。光盘预先放置在 CD-ROM 驱动器中。受 SCSI 总线 ID 号的限制,光盘塔中的 CD-ROM 驱动器一般以 7 的倍数出现。用户访问光盘塔时,可以直接访问 CD-ROM 驱动器中的光盘,因此,光盘塔的访问速度较快。光盘塔可以同时支持几十个到几百个用户的访问信息。

光盘库是一种带有自动换盘机构(机械手)的光盘网络共享设备。光盘库一般由放置光盘的光盘架、自动换盘机构(机械手)和驱动器三部分组成。光盘库一般配置有 1~12 台驱动器,可以是只读 CD/DVD-ROM 驱动器,也可以是 CD-R/DVD-R 刻录机,或者是 DVD-RAM 驱动器,可容纳 50~600 张光盘。光盘库通过高速 SCSI 端口与网络服务器相连,光盘驱动器通过自身接口与主机交换数据。用户访问光盘库时,自动换盘机构首先将驱动器中的光盘取出并放置到盘架上的指定位置,然后再从盘架中取出所需的光盘并送入驱动器中。自动换盘机构(机械手)的换盘时间通常在秒级。光盘库的特点是安装简单,使用方便,并支持几乎所有常见网络操作系统及各种常用通信协议,这种有巨大联机容量的设备非常适用于数字化图书馆系统。

光盘网络镜像服务器是继光盘塔和光盘库之后开发出的一种可在网络上实现光盘信息共享的网络存储设备。光盘网络镜像服务器不仅具有大型光盘库的超大存储容量,而且具有与硬盘相同的访问速度,其单位存储成本(分摊到每张光盘上的设备成本)大大低于光盘库和光盘塔。另外,光盘镜像服务器本身没有

通用服务器那样复杂的操作系统和硬件连接,只是完成光盘镜像服务器硬盘数据与客户机之间的数据传送,使客户机能以硬盘的访问速度来共享 CD-ROM 光盘上的信息资源。光盘镜像服务器消除了 CD-ROM 驱动器速度上的瓶颈问题,极大地改善了光盘网络共享的性能,可缩短用户的访问时间并提高网络吞吐量,而且管理使用方便,因此光盘网络镜像服务器已开始取代光盘库和光盘塔,逐渐成为光盘网络共享设备中的主流设备。

二、存储技术和架构

(一)直接连接存储(DAS)

直接连接存储(DAS)被定义为直接连接在各种服务器扩展接口下的数据存储架构。它完全以服务器为中心寄生在相应服务器或客户端上,其本身是硬件的堆叠,不带有任何存储操作系统,需要通过服务器才能运行。如果客户机访问存储设备上的数据,首先向服务器发出一个请求消息,服务器解析这个请求并给存储设备发送访问消息,存储设备访问数据并发送至服务器的内存,最终由服务器把结果数据传给客户机,服务器起到一种存储转发的作用。在 DAS 中,服务器一般是通过 SCSI 接口与存储外部数据的各种存储设备相连。由于 SCSI 接口设备的最大传输率只能达到 40 Mb/s,所以当并发用户数增多时,IO 总线将会成为一个潜在的瓶颈,影响读者的查询速度和服务器的性能,情况严重时,甚至会导致系统的崩溃。由于 SCSI 业界标准规定,连接在同一个 SCSI 总线通道上的硬盘数最多不能超过 15 个,这样就使与服务器连接的 SCSI 接口的磁盘阵列总数受到限制,每一组阵列的存储容量不能无限制地增加。在 DAS 体系结构中,每一个(或组)磁盘阵列与自己的专用服务器连接,使大型数据源的数据不能跨阵列存储,这样就不能有效利用存储空间,势必会造成存储空间的浪费。在这种存储方式下,服务器相对独立并且往往装有多种操作系统,各应用系统下的数据文件须分别存放,数据的存储是分散的,没有统一的管理工具软件,数据管理需第三方软件支持,这就增加了系统管理的难度和维护成本。随着数字图书馆的建设和发展，数据呈几何级增长。当现有的存储设备不能满足需要时，只能不断地增加存储设备和高性能服务器，尽管前期投入低，但后续成本高，使得总体拥有成本(Total Cost of Ownership，TCO)上升。

(二)网络连接存储(NAS)

网络连接存储(NAS)是指将集成的存储系统，如磁盘阵列和磁带设备，直接通过 LAN 接口连入信息通信网络的技术。它使用 TCP/IP 之类的信息通信协议，存储系统在客户机/服务器结构关系中相当于一个服务器。NAS 的典型组成是使用 TCP/IP 协议的以太网文件服务器，数据处理是"文件级"(file level)。一个 NAS 里面包括核心处理器、文件服务管理工具、一个或者多个硬盘驱动器用于数据的存储。NAS 可以应用在任何网络环境当中。主服务器和客户端可以非常方便地在 NAS 上存取任意格式的文件，包括 SMB 格式(Windows)、NFS 格式(UNIX，Linux)和 CIFS 格式等。NAS 系统可以根据服务器或者客户端计算机发出的指令完成对内在文件的管理。NAS 的特性还包括独立于操作平台，不同类的文件共享，交叉协议用户安全性/许可性较高，浏览器界面的操作/管理方便，不会中断网络的增加和移除服务器。

(三)存储区域网(SAN)

存储区域网是(SAN)以数据存储为中心，采用可伸缩的网络拓扑结构，通过具有高传输速率的光通道的直接连接方式，提供 SAN 内部任意节点之间的多路可选择的"块级"(block level)数据交换，并且将数据存储管理集中在相对独立的存储区域网内。在 SAN 中，存储设备可以共同构成一个存储库，存储设备和服务器都可以很方便地添加到网络中，具有较好的可扩展性。由于存储设备从服务器中分离出来，与服务器形成一个多对多的关系，存储设备上的数据易被其他服务器共享，存储设备之间的数据迁移也变得很容易，而且存储设备都集中在一个网络上，节省了管理开销。采用存储局域网，数据的备份、恢复、迁移都通过存储局域网本身来完成,不需要借助服务器和现有的 LAN/WAN,大大减少了现有服务器和网络的工作负载。由于采用具有高带宽的光纤通道,所以整个存储网络具有较高的传输速率,数据访问性能较好。在多种光通道传输协议逐渐走向标准化并且跨平台群集文件系统投入使用后,SAN 将在多种操作系统下实现最大限度的数据共享和数据优化管理,以及系统的无缝扩充。

(四)三种存储架构的比较分析

▶▶ 1. 软件安装

相比 SAN 和 DAS,NAS 安装简便快捷,即插即用,只需要 10 分钟便可独立安装成功。DAS 则需要初始化 RAID 及调试第三方软件,一般需要两天时间。SAN 相对来说,要做更多的计划,包括光纤通道的规划以及管理软件的选择,安装稍复杂。

▶▶ 2. 文件共享

NAS 提供异构网络环境下的完全跨平台文件共享,支持 Windows NT、UNIX(Linux)等操作系统。DAS 不能提供跨平台文件共享功能,各系统平台下的文件需分别存储。SAN 结构可以利用多台主机到同一存储设备的连通性来保证实现更有效的数据共享,目前常采用的方法多是通过一台文件服务器的服务来实现共享,文件访问效率高。

▶▶ 3. 存储操作系统

NAS 独立的优化存储操作系统完全不受服务器干预,有效释放带宽,可提高网络整体性能。DAS 无独立的存储操作系统,需相应服务器或客户端支持,容易造成网络瘫痪。

▶▶ 4. 存储数据方式

NAS 采用集中式数据存储模式,将不同系统平台下的文件存储在一台

NAS设备中，方便网络管理员集中管理大量数据，降低维护成本。DAS采用分散式数据存储模式，网络管理员需要耗费大量时间在不同服务器下分别管理各自的数据，维护成本增加。

5. 系统管理

NAS管理相对简单，基于Web的GUI管理界面使NAS设备的管理一目了然。但是NAS之间不能进行资源再分配，因为随着NAS数量的增加，其管理的复杂性和费用将增加。在SAN上，所有磁盘和磁带库都可以进行资源再分配，所以从扩展的角度来看，SAN更易于管理和投资保护。DAS管理较复杂，需要第三方软件的支持。由于各系统平台文件系统不同，所以增容时需对各自系统分别增加数据存储设备及管理软件。

6. 扩充性

SAN采用光纤通道技术。如果采用FC-LOOP形式，每个光纤环路可支持126个光纤设备。如果采用FC-SW（光纤交换）的形式，光纤网络理论上可连接1600万个光纤设备。也就是说，可在光纤网络上增加光纤设备，以满足系统的扩展性需要。NAS可在线增加设备，无须停顿网络，而且与已建立起的网络完全融合，充分保护用户原有投资。相对于SAN，NAS的可扩展性虽然较小，但它可以适合中小级别的存储需求。通过NAS网关（NAS Gateway），可以组成SAN和NAS的混合存储网络，最大限度地利用网络化存储。DAS增加硬盘后重新做RAID需要宕机，会影响网络服务。

7. 传输效率，占用带宽

NAS的文件均要通过TCP/IP网络进行数据传输，占用网络带宽，当文件访问量过大时，会造成网络堵塞，严重影响数据访问。对于采用SCSI协议进行数据传输的DAS系统，在传输数据量增大时，存在IO瓶颈。SAN具有的100～200Mb/s的环路带宽提升了主机系统的存储带宽，由于大量数据存在高速的

SAN 存储库中,减轻了服务器与客户机之间的通信带宽。

▶▶ **8.备份和数据恢复**

NAS 集成本地备份软件,可实现无服务器备份。采用日志文件系统和检查点设计,全面保护数据,使恢复数据准确及时。由于 NAS 运用了双引擎设计理念,即使服务器发生故障,用户仍可进行数据存取。DAS 采用异地备份模式,备份过程比较复杂。DAS 依靠双服务器和相关软件实现双机容错功能,但如果两个服务器同时发生故障,用户就不能进行数据存储。SAN 采用本地备份和恢复、网络备份和恢复两种方法对备份和恢复进行集中式管理,将一到多台磁带设备分配给每个服务器,使用光纤通道协议将数据直接从磁盘设备传递给磁带设备。

▶▶ **9.总拥有成本**

NAS 单台设备的价格高,但选择 NAS 后的投入会很少,降低用户的后续成本,从而使总拥有成本降低。DAS 前期单台设备的价格较便宜,但后续成本会增加,造成总拥有成本升高。SAN 是基于光纤的解决方案,所以初始费用较高。然而从发展的角度来看,无论 SAN 还是 NAS 技术,都能减少用户的长期投资,降低总体拥有成本,并能提供更好的投资回报。

▶▶ **10. 应用环境**

DAS 适用于服务器在地理分布上很分散,通过 NAS 或 SAN 在它们之间进行互连非常困难时,以及存储系统必须被直接连接到应用服务器上等情况。NAS 提供文件级的数据访问功能,适合于分布式异构环境下的文件共享以及其他相关的应用。SAN 则针对海量、面向数据块的数据传输,适用于大数据量的多媒体数据存储、数据库应用、数据挖掘等。

三、数据备份技术

(一)本地备份

本地备份是指本地服务器硬盘上的数据直接备份到与服务器直接相连的磁带库(磁带机)或其他存储设备上,而不经过网络。这种方式只能备份本机硬盘的数据,而无法备份网络上其他主机的数据。由于每一台需要备份的主机都需要一台备份设备,因此会造成投资浪费。此外,各服务器只能管理连在本地主机上的存储设备,备份工作难以自动完成,需要大量的人力对系统进行维护。

(二)网络备份

1. 网络备份的原理

网络备份处理的过程:在网络上选择一台服务器作为网络数据备份管理服务器,安装网络数据备份管理服务器端软件,并连接一台大容量存储设备(如磁带库)。在网络中其他需要进行数据备份的服务器上安装备份客户端软件,通过网络将各种数据(包括操作系统、文件系统、在线数据库数据)集中备份到与备份服务器连接的存储设备上。我们称连接磁带库或其他存储设备并提供数据通路的服务器为备份服务器,具有备份要求并送到备份服务器进行备份的端点为备份客户机,备份服务器与备份客户机共同组成一个备份网络。磁带库直接连接到备份服务器上,通过备份软件事先制定好的备份策略实现数据的自动备份,也可通过客户端主机或备份服务器发出指令,备份数据通过网络传输到与备份服务器直接连接的备份设备上。

2. 网络备份的特点

在这种模式中,备份任务、备份策略、备份数据由备份服务器统一制定,所有备份任务可自动完成;同时,磁带库由备份服务器管理,减小了管理员的工作强度。但是,网络备份的备份数据要通过网络传输到备份服务器的存储设备上,当备份数据量较大时,会严重占用网络带宽,影响网络服务器的正常应用。如果备份服务器和存储设备是通过 SCSI 电缆相连,那么由于 SCSI 接口带宽有限,容易形成瓶颈,就会影响备份任务的完成。

(三)基于 SAN 的 LAN-FREE 的备份

1. LAN-FREE 的备份原理

这种备份模式为多台主机共享连接到 SAN 上的存储设备,就好像每台主机都分别与存储设备直接相连。此种备份方式不占用网络带宽,备份数据通过 SAN 直接备份到存储设备上,提高了备份速度。

2. LAN-FREE 备份的特点

这种备份方式提高了系统容量,一条光纤环路最多可以连接 126 个设备,如采用交换机,设备可达百万个以上。系统性能较高,数据传输速率可达 100Mb/s 或 200Mb/s,如采用单膜光纤,传输距离最远可达 10 公里;备份结构充分优化,应用网络完全被解放出来,减少了网络冲突。

第二节　数据压缩技术

数字图书馆中的文字、声音、图像等各种媒体信息都是以数字化形式存在的,而数字化的声音、图像以及视频信号的数据量非常大,这些信息如不进行处理,将占用大量的存储空间,在网上传输时占用的信息频道也非常宽。为了保证文本、图像、视频、音频等信息资源的存储和在线速度,实现存储空间的高效利用,必须对它们进行有效的压缩处理。实践证明,对信息数据进行压缩可以明显增大存储量,减少传输时间。例如,$500×512×8$ bit 图片通过电话线以 24 kb/s

速率传送需 15 分钟,若将数据压缩 15 倍,则传送时间降为 1 分钟;未压缩的 NTSC 制数字电视信号码率为 220 Mb/s,若采用压缩比达 200 以上的数据压缩技术,则码率可降到 1 Mb/s 以下。可见,数据压缩编码技术在数字图书馆信息存储交流中具有重要作用,是建设数字图书馆的关键技术之一。

一、数据压缩技术的基础

所谓数据压缩,就是以最少的数码表示信源所发的信号,减少容纳给定消息集合或数据采集集合的信号空间。这里的信号空间指被压缩对象,包括:①物理空间,如存储器、磁盘、磁带、光盘等数据存储介质;②时间区间,如传输给定消息集合所需要的时间;③电磁频谱区域,如为传输给定消息集合所需要的带宽。

实际上,数据压缩以一定质量损失为容限,按照某种方法从给定的信源中推出已简化的数据表达式。它通过减少信号空间,如物理体积空间、时间、频谱等量,使信号能安排到给定的信息数据样本集中。

衡量数据压缩技术好坏的指标主要有四个:①压缩比:即压缩前后所需的信息存储量之比。②恢复效果:对原始数据原貌的恢复程度。③速度:对数据进行压缩、解压缩的速度。④硬件开销:实现压缩所需的硬件条件。

一种高性能的数据压缩技术,自然压缩比高,恢复效果好,解压速度快,硬件开销小。

数据压缩之所以能实现,是因为人们利用了以下几个方面的条件:

首先,信息集中包含冗余信息是数据能够压缩的先决条件。众所周知,计算机内的信息均以二进制形式表示,以一个字节为单位。当某信息集的数据量大于 256 时,理论上可以判定其中必有冗余,而去掉冗余不会减少信息量,仍可原样恢复数据。例如在一份计算机文件中,某些符号比其他符号重复出现的频率高得多,或一些字符总在数据块中某一可预见的位置上出现,那些冗余部分便可在数据编码中除去或减少。

其次,数据中间尤其是相邻的数据之间常存在相关性,如图片中常常有色彩均匀的背影,电视信号的相邻两帧之间可能只有少量的变化景物是不同的,声音信号有时具有一定的规律性和周期性等。因此,有可能利用某些变换来尽可能地去掉这些相关性。

最后,人们在欣赏音像节目时,由于人的视觉和听觉的生理特性,耳、目对信号的时间变化和幅度变化的感受能力都有一定的极限,如人眼对影视节目有视觉暂留效应,对低于某一极限的幅度变化无法感知,故可将信号中这部分压缩掉,经过压缩编码的视听信号在复现时仍具有较为满意的主观质量。

二、数据压缩技术的原理

随着通信技术和计算机技术的日益发展,适应不同应用领域的数据压缩编码方法不断产生,根据对压缩数据解压缩后是否能准确地恢复压缩前的数据原貌,压缩方法可分成无损压缩和有损压缩。若将这两类方法结合起来,还可形成混合压缩方法。

(一)无损压缩

无损压缩,也称冗余压缩,冗余压缩法利用数据的统计冗余进行压缩,去掉或减少数据中的冗余,但这些冗余量可以重新插入数据中,完全恢复原始数据,因而不会产生失真。但这种方法的压缩率受到数据统计冗余度的理论限制,一般为2:1到5:1。这类方法广泛用于文本数据、程序和特殊应用场合的图像数据(如指纹图像、医学图像等)的压缩。由于压缩比的限制,仅使用无损压缩方法不可能解决图像和数字视频的存储和传输问题。无损压缩中经常采用的方法有游程编码、Huffman编码、算术编码和LZW编码等。

(二)有损压缩

有损压缩法,也叫熵压缩法。由于图像或声音的频带宽、信息丰富,而人类视觉和听觉器官对频带中某些频率成分反应不太敏感。所以,有损压缩就是利用这一特点,放弃这部分信息,而换取较高的压缩比。熵压缩法压缩了熵,减少了信息量,因而不可能恢复被压缩数据的原貌,存在一定程度的失真,但是所损失的这部分信息对理解原图像和声音基本没有影响。因此,有损压缩被广泛应用于数字化的声音、图像以及动态视频信号的压缩。常用的有损压缩方法有PCM、预测编码、变换编码插值和外推等。在新一代数据压缩方法中,许多都是有损压缩,如矢量量化、子带编码、基于模型的压缩,分形压缩和小波压缩等已经接近成熟,并用于实际的多媒体开发。

(三)混合压缩

混合压缩是被广泛采用的方法,它吸收了各种无损压缩和有损压缩方法的优势,以求在压缩比、压缩效率及保真度之间取得最佳平衡,如静止图像压缩标准 JPEG 和活动图像压缩标准 MPEG 就是采用了混合编码的压缩方法。

三、文本压缩技术

(一)Huffman 编码

这种方法以霍夫曼(D. A. Huffman)在 1952 年发表的《最小冗余代码的构造方法》为基本理论依据,采用不等长的数据编码。具体来讲,它是根据数据中各字符出现的相对频率进行编码,出现频率高的字符赋予较短的代码,而出现频率低的字符赋予较长的代码,从而保证了文件的大部分字符由较短的编码构成。其编码效率主要取决于需编码的符号出现的频率分布,分布越集中,则压缩比越高。虽然霍夫曼构造出的编码并不是唯一的,但是由于其平均码长并不相同,所以不会影响其效率和数据压缩性能。

Huffman 编码可以利用最简单的静态统计模型方式,即在编码前需要统计待编码信息中所有字符出现的相对频率,然后根据统计信息建立出编码树进行编码。其过程是:将要编码的字符表示成一棵扩充二叉树的叶子结点,每个叶子结点指明了该字符出现的相对频率(也称为权),每个非叶子结点(内结点)也含有一个权,它等于其左右子结点的权之和。这样,对于同一字符集合和同一权集可以构造出若干个不同的扩充二叉树,各扩充二叉树加权路长之和(各叶结点到根结点的路径同各叶结点的权之积的和)也可能不同,其中加权路长之和最小的扩充二叉树是 Huffman 编码树。编码时,可约定左子结点编号为"1",右子结点编号为"0"(或相反也可),从根结点到每个字符结点的最短路径上的编号组成的数字编码序列即该字符的编码。

但是 Huffman 编码在利用静态统计模型方式时,不但继承了静态统计模型方式的所有缺点,而且直接导致统计出的字符出现频率并不能完全反映字符在文件中不同局部出现的频率变化情况。所以,在构造 Huffman 编码上,提出了另一种构造 Huffman 编码的方式——范式 Huffman 编码。范式 Huffman 编码的基本思路是:并非只有使用二叉树建立的编码才是 Huffman 编码,只要满足以下两个基本条件的,都可称为 Huffman 编码。

(1)前缀编码。

(2)某一字符编码长度和使用二叉树建立的该字符编码相同的编码。构造范式 Huffman 编码大致可分为四个步骤。

(1)统计每个要编码符号的频率。

(2)根据这些频率信息求出该符号在传统的 Huffman 编码树中的深度。

(3)分别统计出最大编码长度 X 到 1 的每个长度对应多少个符号,根据此信息从 X 个 0 开始以递增的顺序为每个符号进行编码。

(4)编码输出压缩信息,并保存按频率顺序排列的符号表,保存每组同样长度编码中的最前一个编码以及该组中的编码个数。

由此可以看出,如果使用范式 Huffman 编码,就可以完成脱离任何树结构而进行高速解压缩。在整个压缩过程中,范式 Huffman 编码比传统 Huffman 编码效率要高。

(二)算术编码

算术编码是一种改进的 Huffman 编码,它不是为每个符号产生一个单独的代码,而是使整条信息共用一个代码,增加到信息上的每个新符号都递增地修改代码,因而可进一步提高压缩比。算术编码是无损数据压缩效率最高的方法。

算术编码的基本思想是将整段要压缩的数据映射到一段实数半封闭范围[0,1]内的某一区段,即对一串符号直接编码成[0,1]区间上的一个浮点小数。也就是说,算术编码用小数来表示二进制位,并由此接近无损压缩的熵极限。算术编码还可以较为方便地使用静态统计模型方式和自适应模型方式。使用静态统计模型方式可以更好地接近无损压缩的熵极限,但静态统计模型方式却无法适应信息的多样性,同时必须在压缩前对所有字符分布进行统计,要耗费大量时间,而且无法表示出字符在整个文件中局部出现的概率。所以,通常情况下并不使用静态统计模型方式,而自适应模型方式却能弥补这一缺陷。所以对于算术编码,通常使用自适应模型方式,根据当前接收的数据不断地更改概率模型以达到更好的压缩效率,当信源信号概率较为接近时,采用算术编码。算术编码的实现较为复杂,常与其他有损压缩结合使用。

(三)字典压缩模型

在很长的一段时间内,基于概率统计模型的编码占有很重要的地位,直到1977年由以色列科学家齐夫(Jacob Ziv)和兰普(Abraham Lempel)发表了《顺序数据压缩的一个通用算法》和《通过可变比率编码的独立序列的压缩》两篇论文后,提出了基于字典模型的LZ77算法。1978年又推出了改进算法,即LZ78算法。他们的研究把无损压缩的研究推向了一个全新的阶段。1984年,韦尔奇(Terry Welch)对兰普照和齐夫的算法进行改进得出 LZW(Lempel Ziv Welch)算法。

字典模型并不直接计算字符出现的概率,而是使用一本字典。其主要方法是将已经编码过的信息作为原字典,如果需要编码的信息曾经出现过,就会输出该字符串的出现位置及长度,否则就输出一个新的字符串。字典算法可以在对数据统计特性一无所知的前提下,使压缩率接近已知统计特性时所能够达到的压缩率,并且运算快,易于实现。

目前，典型的基于字典模型的压缩技术主要有两种：一种是 LZW 编码；另一种是游程编码(RLE)。

1. LZW 编码

LZW 压缩使用字典库查找方案。它读入待压缩的数据，并与一个字典库中的字符串对比，如果有匹配的字符串，则输出该字符串在字典中的索引，否则将字符串插入字典中。LZW 算法可简单描述如下：①初始化字典，使字典中包含所有由单个字符组成的词条；②被压缩数据流中的第一个字符作为前缀串 S 和辅助前缀串 F；③取下一个字符作为后缀字符 C；④如果词条 SC 不在字典中，SC 存入字典；⑤如果词条 FC 不在字典中并且 FC 长度不大于规定长度，则把 FC 存入字典；⑥如果词条 SC 不在字典中或者 SC 是上次输出前新产生的词条，则转到⑦执行；⑦SC 放入 S，FC 放入 F 后，转到⑧执行；⑧输出 S 的编码，把 SC 放入 F，C 放入 S，回到③执行。上述算法中，③到⑧循环执行，直到被压缩数据流输入完毕。

传统 LZW 算法压缩的原理在于用字典中词条的编码代替被压缩数据中的字符串，因此字典中的词条越长越多，压缩率就越高，所以加大字典的容量可以提高压缩率。但字典的容量受到计算机内存的限制，而且字典也存在被填满的可能，所以，当字典不能再加入新词条后，过老的字典就不能保证高的压缩率。为了解决这个问题，在压缩时必须监视压缩率，当压缩率下降时，要清除匹配概率较小的词条，而保留匹配概率较大的词条，这样在重建字典的同时，又可以提高压缩率。

LZW 编码具有压缩效率高、实现简单的优点，是目前最常用的无损压缩方法之一。许多通用的文件压缩软件如 ARJ、PKZIR、ZOO、LHA 等都采用了这种方法。另外，图形文件中的 GIF 和 TIF 格式文件也是按照这种方法压缩的。

2. 游程编码

游程编码(Run Length Encoding, RLE)是针对一些文本数据的特点所设计的,主要是去除文本中的冗余字符或字节中的冗余位,从而达到减少数据文件所占存储空间的目的。它将数据流中连续出现的字符(称为游程)用单一的记号来表示,如字符串 BBDDDAECCCCC 可压缩为 2B3DAE5C。由于该算法是针对文件的某些特点所设计的,其编码的压缩比不太高,所以应用起来具有一定的局限性,但该方法具有简单直观、编码/解码速度快的优点。因此,许多图形和视频文件如 BMP、TIFF 及 AVI 等格式文件的压缩均采用这种方法。为了数据压缩的通用性,一般很少单独采用该方法,主要是与其他编码技术配合使用。

四、多媒体压缩技术

(一)静止图像压缩标准(JPEG)

JPEG(Joint Photographic Experts Group)即"联合图像专家组",是国际标准化组织(ISO)和国际电报电话咨询委员会(CCITT)联合成立的,该组织主要是研究适用于彩色和单色多灰度连续色调静止数据图像的压缩标准。经过数年努力,该组织于 1991 年 3 月公布了该标准草案《多灰度静止数据图像的数字压缩编码》,简称 JPEG 标准。JPEG 将压缩算法分为两大类,即基于分差脉冲码调制无损压缩的基本部分和基于离散余弦变换的有损压缩的扩展部分。在无损压缩模式下,图像中的像素值以预测方案进行编码,不会产生失真,但压缩比很小,较保守的压缩比为 2:1。在有损压缩模式下,进行图像压缩时,信息虽有损失,但压缩比可以很大,压缩比在 20～40 倍时,人眼基本看不出失真。JPEG 数据压缩技术应用在数字图书馆中,主要是采用有损压缩的扩展部分。

有损压缩的 JPEG 算法分为四个步骤:

第一步,颜色空间的转换,即把图像中的色彩作为独立的部分进行处理,将数字化后的 YUV(亮度和色度)颜色空间转换为适合计算机处理的 RGB 三基色图像数据。

第二步,离散余弦变换。它对原始图像进行从左到右、从上到下的顺序扫描编码,将原始图像分割成一系列 8×8 的子块后逐块处理,在这 8×8 的图像块中,像素值变化一般较为平缓,因而适宜采用游程编码除去冗余部分。

第三步,系数量化。量化的作用是在保证一定质量的前提下,丢弃图像中对视觉效果影响不大的亮度信息,将大部分系数的值变成连续一样的值(大部分是0),从而达到压缩的目的。显然,系数量化过程是不可逆的有损压缩,是造成JPEG压缩信息损失的主要原因。

第四步,编码。编码首先要对 8×8 像素块中的直流分量采取分差编码,然后对各像素块其余的交流分量采取游程编码,最后将所得到的编码做基于统计特性的熵编码,如 Huffman 编码。

由上述算法可知,JPEG 应用离散余弦变换、量化和熵编码获得帧内编码,在 JPEG 压缩下,一个 YUV 像素块通过离散余弦变换生成一个频率矩阵值,然后量化运算产生一个压缩频率值的矩阵,它被进行熵编码而得到最后的压缩比特流,编码比特可以数字存储或传输,然后通过相反的过程解压缩再生像素图像。

JPEG 压缩在卫星图片、医疗图片、新闻图片等图像资料保存和传输,以及地图、古籍、手稿、书刊文献等资源数字化方面有着广泛的应用,是数字图书馆资源数字化压缩技术的重要手段。

(二)活动图像压缩标准(MPEG)

活动图像专家组(Motion Picture Expert Group,MPEG)是几个国际标准化和工业组织的一个联合小组,该小组的主要目标是为全屏幕活动视频图像提供工业标准。MPEG 小组的工作兼顾了 JPEG 标准和 CCITT 专家组的 H.261 标准(电视电话/会议电视的视频通信编码标准)。MPEG 压缩标准是针对运动图像而设计的,包括 MPEG 视频、MPEG 音频和 MPEG 系统(视音频同步)三个部分。MPEG 压缩算法除了对单幅图像进行与 JPEG 算法类似的编码(帧内编码)外,还利用图像序列之间的相关特性去除帧间图像冗余,即在单位时间内采集并保存第一帧信息,然后就只存储其余帧相对第一帧发生变化的部分,因此大大提高了视频图像的压缩比,在保持较高图像视觉效果的前提下,压缩比可以达到 30~100 倍(新的 MPEG 规范可达 300 倍以上)。MPEG 压缩算法复杂且计算量大,它的实现一般要有专门的编码/解码芯片的硬件支持。MPEG 压缩算法的两项基础技术是块基运动补偿缩减时间冗余和域基变换压缩缩减空间冗余。运动补偿技术采用纯预测编码和插值预测编码。剩余信号(预测误差)在缩减空间冗余时被进一步压缩。与运动有关信息包含在 16×16 的块中,与空间信息一起进行交换。为获得最大效率,用可变长代码压缩运动信息。到目前为止,制定了四个 MPEG 标准,但有影响的主要是 MPEG-1、MPEG-2 和 MPEG-4。

1. MPEG-1

MPEG-1 标准于 1993 年 8 月成为国际标准,主要用于传输 1~1.5Mb/s 数据传输率的数字存储媒体运动图像及其伴音的编码。经过 MPEG-1 标准压缩后,视频数据压缩率为 1/200~1/100,音频压缩率为 1/6.5。MPEG-1 提供每秒 30 帧、分辨率为 352×240 全彩色视频压缩和解压缩的质量,当使用合适的压缩技术时,具有接近家用视频制式(VHS)录像带的质量。MPEG-1 允许超过 70 分钟的高质量视频和音频存储在一张 CD-ROM 盘上。VCD 采用的就是 MPEG-1 的标准,该标准是一个面向家庭电视质量级的视频、音频压缩标准。但 MPEG-1 算法十分复杂,压缩/解压缩费时,CPU 开销较大。

2. MPEG-2

MPEG-2 标准于 1994 年 11 月生效,由一系列不同标准构成。MPEG-2 主要针对高清晰度电视(HDTV)的需要,传输速率为 10Mbps,与 MPEG-1 兼容,适用于 1.5~60Mbps 甚至更高的编码范围。其主要目标是对每秒 30 帧、分辨率为 720×480 的视频信号进行压缩和传输,达到 MPEG-1 播放速度的 4 倍。MPEG-2 解码器支持 MPEG-1 和 MPEG-2 标准,在 30:1 或更低的压缩比时具有广播级的画面质量及 CD 级声音质量的视频图像。但在实际运用中,出于经济的考虑,在损失一定画面质量的前提下,经常可达到 200:1 的压缩比。新一代的激光视盘DVD就建立在MPEG-2的基础之上。当前高清晰度电视使用的是MPEG-2标准的一个变异,称为MPEG-2High-144Level。MPEG-2标准已成为数字图书馆影视资源管理的关键技术。

▶▶▶ 3. MPEG-4

MPEG-4标准是超低码率运动图像和语言的压缩标准,它利用非常窄的带宽,利用帧重建的方法来传输速率低于64Mbps的实时图像,可应用于桌面视频会议和可视电视领域。较之前两个标准而言,MPEG-4为多媒体数据压缩提供了一个更为广阔的平台。它更多定义的是一种格式、一种架构,而不是具体的算法。它可以将各种多媒体技术充分吸收进来,包括压缩本身的一些工具、算法,也包括图像合成、语音合成等技术,力图以最少的数据来建立精美的画面,更加注重多媒体系统的交互性和灵活性。为此,MPEG-4引入了AV对象(Audio Visual Objects),使得更多的交互操作成为可能。MPEG-4对AV对象的操作主要有:采用AV对象来表示听觉、视觉或者视听组合内容;组合已有的AV对象来生成复合的AV对象,并由此生成AV场景;对AV对象的数据灵活地多路合成与同步,以便选择合适的网络来传输这些AV对象数据;允许接收端的用户在AV场景中对AV对象进行交互操作等。

第三节 信息检索技术

一、基于内容检索技术的特点

基于内容特征的检索是对媒体对象的内容及上下文语义环境所进行的检索,如图像中的颜色、纹理、形状,视频中的镜头、场景、镜头的运动,声音中的音高、响度、音色等。基于内容的检索突破了传统的基于文本检索技术的局限,既能对以文本信息为代表的离散媒体进行检索,也能对以图像、声音为代表的连续媒体的内容进行检索。

与传统的信息检索相比,基于内容的检索具有如下特点。

(一)直接从内容中提取信息线索

基于内容的检索突破了传统的基于关键词检索的局限,直接对文本、图像、视频、音频内容进行分析,从中抽取具有代表性的特征,然后利用这些内容特征建立索引并进行检索。

(二)相似性检索

与常规检索中的精确匹配方法不同,基于内容的检索采用一种近似匹配(或局部匹配)的方法和技术,逐步求精,每次的中间结果是一个集合,不断减小集合的范围,直到定位到目标,提高了检索的有效性与合理性。

(三)满足用户多层次的检索要求

基于内容的检索系统通常由媒体库、特征库和知识库组成。媒体库包含多媒体数据,如文本、图像、音频、视频等;特征库包含用户输入的特征和预处理自动提取的内容特征;知识库包含领域知识和通用知识,其中的知识表达可以更换,以适应各种不同领域的应用要求。

(四)大型数据库(集)的快速检索

基于内容的检索系统往往拥有数量巨大、种类繁多的多媒体数据库,能够实现对多媒体信息的快速检索。

(五)示例查询

在对一些很难描述的特征进行查询时,用户一般是首先浏览选择系统提供的示例,并以此作为查询条件,然后再通过不断修改示例,最终找到匹配目标。

（六）人机交互

人对于特征比较敏感,但对于大量的对象,一方面难以记住这些特征;另一方面,人工从大量数据中查找目标效率非常低,而这正是计算机的长处,因此,基于内容的检索是一种人与计算机相互配合的检索。

二、图像信息检索

图像检索是对静止图像所进行的检索。基于内容的图像信息检索技术把图像的可视特征如颜色、形状、纹理等作为图像的内容进行匹配、查找。

（一）颜色检索

颜色具有一定的稳定性。在许多情况下,颜色特征是图像最直观、最明显、最有效的特征。例如,在检索海滨景物图像时,指定图像中的主要颜色(如对应天空的蓝色和对应白云的白色)的大致比例后,即可以此为依据检索与该颜色分布类似的图像。

1. 颜色检索的方法

对颜色进行检索主要是采用颜色空间直方图的方法,其核心思想是在一定的色彩空间中对图像各种颜色出现的频数进行统计。直方图的横轴表示颜色等级,常见的颜色坐标空间有红、绿、蓝,HSV 颜色空间是孟塞尔彩色空间的简化形式,是一种基于感知的颜色模型。它将彩色信号分为三种属性:色调(Hue, H)、饱和度(Saturation, S)、亮度(Value, V)。由于人类不能像计算机显示器那样只使用 HSV 成分感知颜色,因此 HSV 颜色模型更适合人类的视觉习惯。直方图的纵轴表示在某一个颜色等级上具有该颜色的像素在整幅图像中所占的比例。色彩直方图能较好地反映图像中各种颜色的频率分布。根据颜色数据进行查询时,数据库中的图像和被查询图像之间的距离可用加权欧几里得距离表示,采用基于颜色分布的匹配将获得视觉效果上更接近被检索实体的结果。

由于基于色彩直方图方法没有保留各像素的空间位置信息，为此可以采用基于图像分割的直方图检索方法。一种方法是对图像中所包含的对象的边界进行提取，然后对每个对象所包含的颜色进行直方图统计，以减少图像中不相关信息的干扰。另一种方法是将一幅图像划分为n×n个子图像，然后对对应位置的子图像进行比较。采用图像分割的直方图检索方法比整幅图像直方图检索方法的检索精度有较大幅度的提高。

2. 基于颜色的查询方法

基于颜色查询的一种方式是直接示例查询法，即用户给出示例图像，系统通过提取示例图像颜色的特征与图像库中图像的颜色特征进行相似度比较，以得到颜色相似的图像。

另一种查询方式是将图像颜色的主色调作为图像的颜色特征进行相似性匹配，以查找图像库中具有类似主色调的图像。一幅图像的主色调能够反映该图像的基本概貌，因而可作为查询的主要特征，如蓝色主色调往往是和大海、蓝天的图像相关的，如果用户想要查找大海的照片，则可以指定蓝色作为主色调。但主色调仅仅反映了图像的大致情况，由于人眼的分辨率有限，在选择主色调时具有主观性，可见一种主色调用于颜色检索误差是较大的，在检索匹配的过程中，容易错过用户的实际需要，但又近似于用户所选择的颜色。而将用户所选择的主色调适当扩展到一定范围，使得近似于用户所选择色调的颜色也能参与匹配，这样就可以弥补上述原因造成的漏检。另外，大多数图像可能包含两种以上主色调，如一幅大海和沙滩画面的图像，可能蓝色和黄色在画面中都很抢眼，则两种颜色都可以作为主色调。但这些主色调在图像中所占的比例及重要程度不尽相同，因而可用不同模糊度和比例的方法组合一个有效的颜色值供检索匹配。

（二）形状检索

形状（Shape）是刻画物体的本质特征之一，很多查询可能并不针对图像的颜色,而是针对图像的形状。对形状分析的基础是图像的边缘提取,图像边缘提取的好坏直接影响到形状的提取质量。一幅封闭的图像具有许多特征,如形状的拐点、重心、偏心率、圆形率、连通性、正切角、面积与周长比、主轴方向、长短轴比等。基于形状的检索更多地用于用户粗略地画出一个轮廓进行检索的情况。用户可以选择某一形状或勾画一幅草图,利用形状特征或匹配主要边界进行检索。基于形状特征的检索方法有以下两种:

(1)针对轮廓线进行的形状特征检索,也就是分割图像进行边缘提取后,得到目标的轮廓线。

(2)直接针对图形寻找合适的矢量特征进行检索。

(三)纹理检索

很多图像在局部区域内可能呈现出不规则性,而在整体上却表现出某种规律性。习惯上把图像中这种局部不规则而整体有规律的特性,称之为纹理。一幅图像的纹理结构是指图像像素灰度级或颜色的某种规律性的变化,而且这种变化是与空间统计相关的。纹理结构反映了图像本身的属性,不同的物体有明显不同的空间特征。虽然图像的纹理特征在局部区域内可能没有规则,但在整体上却往往呈现出一定的规律性,这也正是基于内容检索的一条主要线索。作为图像的一个重要特征,纹理也是基于内容检索的一条主要线索,是图像中一个重要且又难以描述的特性。纹理特征主要由纹理的均匀度、对比度和方向的特征量表示,均匀度反映纹理的尺寸,对比度反映纹理的清晰度,方向反映实体是否有规则的方向性,这些特征也是纹理检索的主要依据。纹理检索和纹理分类技术有着密不可分的关系,由于纹理是千差万别的,所以针对不同的应用系统常常需要设计不同的纹理分析方法。分析纹理的方法大致可分为以下两类:

(1)统计方法。用于分析木纹、沙地、草坪等细致而不规则的物体,并根据关于像素间灰度的统计性质对纹理规定出特征及参数间的关系。

(2)结构方法。适于像布料的印刷图案或砖瓦等一类元素组成的纹理及排列比较规则的图案,然后根据纹理基元及其排列规则来描述纹理的结构及特征,以及特征与参数间的关系。由于纹理难以描述,因此对纹理的检索都采用示例查询方法。另外,为缩小查找纹理的范围,纹理颜色也作为一种检索特征,通过对纹理颜色的定性描述,把检索空间缩小到某个颜色范围,然后再以示例查询方法为基础,调整粗糙度、方向性和对比度三个特征值,逐步逼近要检索的目标。

三、动态视频信息检索

(一)视频分割

视频分割是将视频数据分割为镜头的过程。镜头是视频数据的基本单元,大部分视频是通过编辑由一个个镜头连接而成的,所以基于内容检索的视频处理首先要把视频自动地分割为镜头,以作为基本的标引单元。镜头切换时,视频数据将发生一系列变化,表现在颜色差异突然增大、新旧边缘的远离、对象形状的改变和运动的不连续性等各方面。一般而言,同一个镜头内的各帧之间差异较小,而不同镜头的帧间差异较大,当连续两帧间的色彩直方图的差值超过某一阈值时,则说明此两帧不是一个镜头,而是镜头的突变点,可据此进行视频分割。

(二)视频聚类

视频聚类是研究镜头间的关系,也就是如何把内容相近的镜头组合起来。根据聚类目的的不同,视频聚类可分为两类:一类是把同属一个场景的镜头进行聚类,以形成层次型的视频结构——场景和电影。这种聚类不但要考虑镜头内容上的相似性,还要考虑其时间上的连续性。也就是说,虽然两个镜头内容很接近(特征向量之间的距离很小),但如果它们在时间上相距得很远,就不能认为它们属于同一个场景。把镜头聚类为故事单元后,其数量明显减少。例如,对于一部典型的连续剧,半小时的节目中约有 300 个镜头,经过聚类后,可形成约 20 个故事单元。另一类是对视频进行分类,它只考虑特征相似性,而不考虑时间连续性。根据镜头的重复程度,一般可分为对话型视频和动作型视频等。对话型视频是指一段实际的对话,或者像对话一样由两个或多个镜头重复交替出现的视频;动作型视频则反映故事的展开,镜头不是固定在一个地点或跟随一个事件,因而很少发生镜头的重复。通过视频聚类可以缩小检索的范围,提高检索的效率。

(三)关键帧抽取

帧是视频序列的最小单位,是单幅的图像。关键帧是用于描述一个镜头的主要图像帧,其反映一个镜头的关键内容。关键帧的选取一方面必须能够反映镜头中的主要事件,因而描述应尽可能准确完全;另一方面,为便于管理,数据量应尽量小,而且计算不宜太复杂。关键帧的选取方法很多,比较经典的有帧平均法和直方图平均法。帧平均法是从镜头中取所有帧在某个位置上像素值的平均值,然后将镜头中该点位置的像素值最接近平均值的帧作为关键帧;直方图平均法则是将镜头中所有帧的统计直方图取平均,然后选择与该平均直方图最接近的帧作为关键帧。

(四)动态特性抽取

动态特性是视频信息的重要特征,反映了视频数据的时域变化,而且往往是用户检索时所能给出的主要内容。动态特性包括镜头的运动变化、视频目标的运动轨迹等。运动目标的轨迹描述了目标的运动过程。由于人类和计算机视觉具有抽取独立识别目标的运动信息的能力,因此可以在不识别目标的情况下,从视频序列中抽取运动信息来分类序列。例如,查询所有具有行人和汽车的视频序列,检索时可以忽略人和汽车,而只追踪运动对象的特定位置和轨迹。

(五)视频检索

完成视频信息内容特征的抽取后,就可以在此基础之上进行基于内容的视频检索,即利用关键帧特征或镜头的时间(运动)特征进行相似性测度。基于关键帧的检索方法主要有视频特征关键字查询和示例查询。关键字查询是指用户输入若干个查询主题,如导演、影片名等,要求找出相关视频,处理这种查询是通过查找全局数据库中的注释实现的;示例查询是根据用户提交的视频例子,在视频特征库的支持下定义一个相似度模型,然后计算特征向量距离实现视频检索。基于运动的检索是利用镜头和视频对象的时间空间特征进行检索的,它可以查询摄像机的移动操作和场景移动,以及用运动方向和运动幅度等特征来检索运动的主体对象。

四、音频信息检索

自然界的声音极其广泛,如语音、音乐声、风雨声、动物叫声、机器轰鸣声等,对声音进行数字化处理得到的结果,称为音频。作为一种信息载体,音频可以分为以下三种类型:

(1)波形声音。对模拟声音数字化而得到的数字音频信号,它可以代表语音、音乐、自然界和合成的声响。

(2)语音。具有字词、语法等语素,是一种高度抽象的概念交流媒体。语音经过识别可以转换为文本,文本是语音的一种脚本形式。

(3)音乐。具有节奏、旋律或和声等要素,是人声或人声和乐器音响等配合所构成的一种声音。音乐可以用乐谱来表示。

音频数据一般用音量(Loudness)、音高(Pitch)、音强(Brightness)、带宽(Band-width)、音长(Duration)和音色(Timbre)等属性描述。其中音量、音高、音强、带宽和音长属性易于通过技术手段进行量化建模,而对音色的处理却相对复杂,对其进行分析和捕捉较为困难。

现有的声音数据库在采用关键字进行检索时,一般只允许用户输入有限的文本关键字。虽然像音乐这种音频可以用题名、作者或主题、分类进行索引,但用户常常会要求用一段音乐旋律来检索乐曲。对于音频,基于内容的处理涉及音频信号的分析、自动语音识别等技术。标引可以基于韵律、和音、旋律以及其他的感知或声学特征。声音的一些感知特征有音高、响度、音色、带宽、谐音等，可以对这些特性进行示例和特征值检索，也就是采用一个或多个客观的声学参数，或者输入一个参考的声音，要求系统检索相似或不相似的所有声音。

音频信息检索按技术方法不同，主要分为以下三种方式：

(1)基本属性检索。这种检索方式通过查找文件名、文件大小、生成时间等一般属性以及取样率等音频属性来检索音频信息。

(2)特征值检索。通过查找声强、能量、带宽等特征值进行音频信息检索。

(3)示例检索。通过查找与给定音频相似的音频数据来检索音频。

按音频信息类型划分，应用最多的音频信息检索包括语音检索和音乐检索。

(一)语音检索

语音检索是以语音为中心的检索，采用语音识别等处理技术。

1. 利用语音识别技术进行检索

这种方法是利用自动语音识别技术把语音转换为文本，从而采用文本检索方法进行检索。

2. 利用子词单元进行检索

自动语音识别技术在处理无主题限制的大范围语音资料时，识别性能会变差，尤其是当一些专有词汇(如人名、地点)不在系统词库中时。一种变通的方法是利用子词(Sub-Word)索引单元，当执行查询时，用户的查询首先被分解为子词单元，然后将这些单元的特征与库中预先计算好的特征进行匹配。

3. 利用识别关键词进行检索

在无约束的语音中，自动检测词或短语通常称为关键词的发现(Spotting)。利用该技术识别或标记出长段录音或音轨中反映用户感兴趣的事件，这些标记就可以用于检索。例如，通过捕捉足球比赛解说词中"进球"的词语可以标记进球的内容。

(二)音乐检索

音乐是我们经常接触的媒体,如 MIDI、MP3 和各种压缩音乐制品、实时的音乐广播等。音乐检索是以音乐为中心的检索,主要利用音乐的音符和旋律等音乐特性来检索,如检索声乐作品和乐器演奏作品等。

虽然音乐检索可以利用文本注释,但音乐的旋律和表现并不都是可以用语言讲得清楚的,而基于内容的检索技术在某种程度上可以解决这个问题。基于内容的音乐检索主要是根据音乐音符的音高、音长和音强等特征进行检索。

音乐的音高代表音符的高低。基本的音高符号在五线谱中用 C、D、E、F、G、A、B 七个字母命名,在简谱中对应的是 1、2、3、4、5、6、7。从物理学角度来看,音高和声波的频率有着密切的关系,声波的频率越高,则音高就越高。

音长表明音符的长短。这是以全音符为基础进行划分的,其他各音符按与全音符的比值命名,如二分音符、四分音符就相当于全音符的二分之一、四分之一。

音强是在听闻时感受到的响度,也就是人们通常说的强弱、大小、重轻。它代表音符的强弱,如在弹奏钢琴时,音强表明一个琴键按下的力度。

在检索系统中,音乐的类型可分为两种:结构化的(或综合的)音乐和基于样本的音乐。

1. 结构化音乐的检索

结构化音乐和声音效果是由一系列指令或算法来表示的。最常见的结构化音乐是 MIDI,它把音乐表示成大量的音符和控制指令。由于结构化音频的简明结构和音符描述,结构化音乐更适合根据用户指定的音符序列进行精确匹配的查询。

在结构化音乐和声音效果的检索中,两个音符序列之间相似性的测量手段是解决问题的关键。

一种方法是采用绝对音高序列。绝对音高序列包含旋律的准确音高,其优点是可以对音乐旋律进行完全精确的检索。为了理解上的方便和简化计算机的处理,可以采用128个梯度来表达从最低到最高的音高范围,使用的音高符号从低到高依次为C、Db、D、Eb、E、F、Gb、G、Ab、A、Bb、B,八度音阶从0到10,这样整个音高范围就可以用从C0到G10的符号来表示。

另一种方法是基于相对音高序列来检索音乐。其基本思想是将数据库声音文件中的每个音符都转换成相对前一个音符的音高变化。音高变化有三种状态:该音符比前一音符高(U)、该音符比前一音符低(D)和该音符与前一音符相同或相似(S),根据音符音阶可较容易地获得音高变化。按这种规则,任意一段旋律转化为一个包含字母 U、D、S 的符号序列,检索任务也就变成了一个字符串的匹配过程。该方法是针对基于样本的声音检索提出的,也同样适用于结构化声音检索。

▶▶▶ 2. 基于样本的音乐检索

对于基于样本的音乐标引和检索有两种通用的方法:一是基于抽取的声音特征集合;二是基于音乐音符的音高。

(1)基于特征抽取的声音特征集合的音乐检索。在这种音乐检索方法中,对每种声音(包括查询)抽取听觉特征集,将其表示成一个矢量。通过计算查询音乐和每个存储音乐片段相应的特征矢量之间的近似度来计算它们的相似性。

(2)基于音乐音符的音高的音乐检索。该方法与基于音高的结构化音乐检索相似。二者之间的主要区别在于,基于音高的音乐检索必须抽取或估计每个音符的音高。将一段旋律转化为一系列相对音高转移序列的过程,称为音高跟踪。音高跟踪是自动化音乐转录的简化形式,它把音乐声音转化成符号。该方法的基本思想为:由于音乐的每个音符都是由它的音高表示的,因此一个或部分音乐片段可表示成一个序列或音高串。检索以查询音乐和每个存储音乐片段相应的音高串之间的相似性为基础,音高跟踪和音高串相似测量是检索过程的关键。音高通常被定义为声音的基本频率。为了找到每个音符的音高,就必须把输入音乐分割成单个音符,因此通常假定音乐是以计分的方式存储在数据库中的,每个音符的音高是已知的。常用的查询请求形式是哼唱(humming)。为了改善查询请求的音高跟踪性能,通常要在相邻音符之间有一个停顿。

音高的表示方法通常有两种:第一种方法是把每个音符(第一个除外)都表示成相对于前一个音符的音高方向(或变化)。音高方向可能是 U(上)、D(下)或 S(相似的),因此每个音乐片段都可表示成三个符号或字符组成的字符串。第二种方法是基于选择把每个音符表示成一个值,该值是由最接近估计音高的标准音高值集合分配的。如果把每个许可值都表示成一个字符,那么每个音乐片段都可表示成字符串,但是在这种情况下,许可符号的数量要比前一种方法的符号数量大。在把每个音乐片段都表示成一个字符串后,需要进行字符串之间的匹配。考虑到用户哼唱不一定很准确,而且可能对多个相似的音乐片段都感兴趣,因此检索通常使用近似匹配,而不是精确匹配。

第四节 跨语言信息检索

一、跨语言信息检索的相关技术

跨语言信息检索是指用户以一种语言提问,检出另一种语言或多种语言描述的相关信息。例如,输入中文检索式,跨语言检索系统会返回英文、日文等语言描述的信息。这里的信息可以是文本信息,也可以是其他形式的信息。目前研究最多的是跨语言文本信息检索和跨语言语音信息检索。在跨语言检索中,提问式所使用的语言,通常称为源语言(source language),源语言一般是用户的母语;被检索文档所使用的语言,称为目标语言(target language),目标语言可以是用户不熟悉甚至完全陌生的语言。与跨语言检索相对应,提问式语言和文档语言相同的检索,称为单语言检索(monolingual retrieval)。

在跨语言检索中,主要涉及的技术有计算机信息检索技术和机器翻译技术。计算机信息检索技术完成提问式与文档之间的匹配,机器翻译技术完成不同语言之间的语义对等。

（一）计算机信息检索技术

目前计算机信息检索技术已趋于成熟，在单语言检索中，计算机检索技术主要包括自动标引技术和自动匹配技术。检索系统利用自动标引技术对搜集的信息进行标引，形成索引数据库，用户输入检索式后，计算机把检索式与数据库中标引项进行匹配，按检索式与标引项相关性大小降序输出检索结果。跨语言检索中实现信息检索的原理和方法与单语言检索是相同的，只是在检索的过程中加入语言处理技术，可以使一种语言与其他语言对应。

（二）机器翻译技术

机器翻译技术实质上是一种能够将一种语言的文本自动翻译成另一语言文本的计算机程序。机器翻译技术的核心是保持两种文本的语义对等，由于在翻译过程中，源语言文本中的词往往对应目标语言描述的几个词，所以要选择最合适的词或做其他处理以达到含义的一致。由于这涉及复杂的计算机语义分析技术，因此机器翻译的效果还远未达到人们所期望的水平。在跨语言检索中，需要利用自然语言处理与机器翻译相结合的技术来提高翻译的准确性，因为在跨语言检索中，翻译的准确性直接决定了检索的准确性。

计算机信息检索技术和机器翻译技术是跨语言检索中所利用的主要技术，由于计算机检索技术已比较成熟，而机器翻译技术的实用性还有待发展和完善，因此跨语言检索所要解决的问题实际上是一个语言处理问题。跨语言检索不同于单语言信息检索和机器翻译，也不是两种技术的简单叠加，而是一种有机的融合，有着自身的特点和专门的研究内容。

二、跨语言信息检索的实现方法

目前，跨语言信息检索的主要实现方法有提问式翻译法、文献翻译法、提问式文献翻译法、中间翻译法、不翻译法、提问式构造法和专有名词音译法等。

(一)提问式翻译法

提问式翻译的过程是把源语言的提问式利用机器翻译技术翻译成目标语言提问式,然后再进行单语言检索。机器翻译可以使用专业化的产品实现对查询的翻译,也可以使用在线翻译器实现,如 Alta Vista 提供的在线翻译工具可以为用户翻译一段字数多达 150 字的文本,也可以帮助用户翻译一个网页。根据翻译所使用的资源,提问式翻译法进一步区分为基于词典(Dictionary-based)、语料库(Corpus-based)、混合式(Hybrid)等几类方法。

1. 基于词典的方法

词典是最典型的一种知识组织体系,机器词典与普通词典相比,要求具有高度的形式化、信息的确定性、规则描述的一致性等,以利于计算机快速检索与处理。根据以上原则,人们制定了高度形式化的信息和规则表示方法,并采用复杂特征集的方式来表示词汇的静态信息和动态信息。

2. 基于语料库的方法

语料库(Corpus)是将同一信息或同一主题的信息用两种或多种语言进行描述,并由人工或机器建立不同语言间的联系,在跨语言检索的翻译中可以参考这些联系信息进行提问或文档的翻译。语料库根据不同语言间对应层次的不同,可分为词汇对齐(Word Alignment)、句子对齐(Sentence Alignment)、文献对齐(Document Alignment)和非对齐(No Alignment)四种。词汇对齐是其中最细致的双语语料库(Bilingual Corpus),也是最实用有效的语料库。语料库中不同语言词汇间的关系,已经经过人工或机器建立对齐联结,语料库中对齐的准确性对翻译的质量至关重要。

语料库还可以分为平行语料库(Parallel Corpus)、比较语料库(Comparable Corpus)和多语种语料库(Multiligual Corpus)。平行语料库是指同一信息用不同的语言进行描述,其收集某种语言的原创文本和相应的翻译成另一种文字的文本;比较语料库是指同一主题的信息用不同的语言进行描述,其定义较前者宽松,因此理论上较容易取得大量文件;多语种语料库是根据类似设计标准建立起来的两个或多个不同语言的单语种语料文本组成的复合语料库,其中的文本完全是原文文本,不收集翻译文本,这种语料库相对更宽松,更容易组织,但通常必须配合其他方法,如词典、局部反馈(local feedback)等,才能发挥功能。

通过建立语料库,收集大量单语或双语语料和词典,我们可以从中获取语言知识和翻译知识。语料库在跨语言信息检索中,主要应用在针对查询的处理方面。

例如,"面向新闻领域的汉英机器翻译系统"就使用了一个具有一定规模的经过对齐处理的汉英双语平行语料库,语料库中语料的标记由一组相互链接的文档来完成,各文档的功能如下:中文基本标记文件和英文基本标记文件主要标记中英文文本的结构信息,如新闻报道的标题、子标题、新闻导言、讯头以及文档的一般结构信息。此外,在这个文件中还要标记命名实体,如人名、地名以及机构名等。中文文本语言学标记文件和英文文本语言学标记文件主要标记中英文文本中有关词语的词性信息、短语的结构信息、分句的组成关系信息、句子结构成分信息等。中文英文对齐信息文件标记中文文本和英语译文文本之间在各个级别上的对齐关系,包括段落级对齐、句子级对齐、词一级的对齐、短语结构级的对齐信息等。标记系统允许以一致和循序渐进的方式对语料进行由浅层到深层的信息标注。标注工作还包括中文分词和词性标注、英文词性标注、中文和英文的专有名词(如机构名)标注、中英文文本句子一级的对齐、中文和英文专有名词的对齐、中文词语的详细语法特征标注等。

3. 混合式方法

基于词典的方法对于不在词典中的词就无法翻译,通常是将该词不加翻译,直接送入检索系统,此时这个词的检索功能就会很有限。另外,词汇的歧义性会加入不少错误的检索词。

语料库方法中的语料库建设难度较大,规模通常也较有限,包含的主题不够多,而且检索效果跟对齐的质量有密切的关系。

虽然基于词典的方法存在不足,但能达到单语言检索50%的效果。其实词典和语料库是互补的,词典提供较广泛、较浅层的覆盖度;而语料库则提供面向特定领域、较深入、能及时反映当前用语的覆盖度。因此,将两种方法进行整合是解决提问式翻译的一种有效方法。传统单语言检索的查询扩展技术是整合两种方法的桥梁。查询扩展,即在用户输入原始的查询请求后,自动根据用户查询用语的语义加入新的查询语句,扩展查询中的词汇应该是基于原检索词的同义词典以及相关词词典。它可以减少与词典翻译有关的错误,部分地解决"词汇问题"中"多词同义或近义"的问题。查询扩展的方法有很多,而且这方面的研究也开始进入实用阶段。在跨语言信息检索中,查询扩展可在查询翻译前或查询翻译后进行,也可以在查询翻译前、后同时进行。

(二)文献翻译法

文献翻译法不对提问式进行翻译,而是把数据库中用目标语言描述的文献翻译成与提问描述相一致的源语言形式,然后再通过提问式与信息库的匹配完成检索过程。运用文献翻译方法进行跨语言检索,返回给用户的结果是用源语言描述的,用户能够方便地选择利用。提问层次的翻译与文献层次的翻译相比,其语境更加宽泛,进行歧义性分析所能利用的线索比较多,但是这种方法所使用的文本自动翻译技术的正确率目前还难以达到实用水平,而且将数据库中全部文献从目标语言翻译到源语言的工作量也是巨大的。文献翻译法只有在翻译内容有限的情况下才有意义,如对已确定要浏览的某个网页进行翻译。

(三)提问式文献翻译法

这一方法是将源语言提问式翻译成目标语言提问式,然后与目标语言描述的信息库进行匹配,检出相关信息,再把检索结果全部或部分翻译成源语言描述的信息。检索结果的翻译一般选择部分翻译,因为跟全部翻译相比,部分翻译的工作量较少,容易提高翻译的效率和质量。部分翻译一般是对结果文本的前两行、文摘或文本中重要的词进行翻译。在重要词的翻译中,如何找出确定重要词是决定这种方法效果的关键。目前的研究主要根据词频并结合禁用词表和功能词表来决定词的重要性。利用提问式文献翻译法进行检索,返回给用户的结果是采用用户所熟悉的源语言描述的,用户能够容易地选择利用检索出的信息,降低了用户的翻译成本,提高了检索服务的质量。

(四)中间翻译法

在跨语言检索中,解决语言障碍的基本方法是两种语言之间的翻译,然而所有的翻译方法都离不开机器翻译、双语词典、语料库等作为翻译的语言基础。但是,在跨语言检索中可能会碰到这样的情形:两种语言直接翻译的语言资源不存在,如在 TREC 中很难找到德语和意大利语之间直接对等的语言资源。为此,研究人员提出了一种利用中间语言或中枢语言进行翻译的方法:将源语言翻译成中间语言(可以是一种或多种),然后再将中间语言翻译成目标语言(利用多种中间语言时,需要合并)。假定在德语和英语之间不存在直接的翻译,就可以通过西班牙语和荷兰语两种语言作为中间语言进行翻译。

(五)不翻译法

潜在语义标引法(Latent Semantic Indexing ,LSI)从常见的词——文献矩阵入手,通过奇异值分解处理,衍生出对应的潜在语义结构模型。在这一模型空间中,语义相关的词和文献相近放置,从而可从语义相关的角度为文献选择标引词,而不管该标引词在文献中是否出现。学者将这种方法引入跨语言检索中,他们将英语词汇、法语词汇、英法双语文件映射到一个向量空间中,尽管这些术语是用不同语言描述的,但是可进行语义上的比较匹配,而无须翻译转换。

(六)提问式构造法

提问式构造法(Query Structuring)主要有三种构造提问式的方法:基于同源词的构造法(Syn-based Structuring)、基于复合词的构造法(Compound-based

Structuring)、n元匹配法(n-Gram Matching)。提问式构造法的实质是利用同源词、复合词或n元匹配分析提问式中各个词的权重,只有一种或两种释义的词的权重最高,而有多种解释的词用同源词符、复合词符或n元匹配符连接,以降低其权重。

(七)专有名词音译法

由于词典无法达到完全覆盖度的程度,词典中未收录的词一直是提问翻译的重要问题,而专有名词的翻译更是难题,很多学者都相继提出机器音译(Machine Transliteration)的方法来解决这个问题。

音译法根据处理的方向,可以分为正向音译(Forward Transliteration)与反向音译(Backward Transliteration)。当一个语言的专有名词因为没有适当或是不容易以意译来表示时,可采用正向音译将其音呈现出来。例如,意大利的城市Florence,中文音译成佛罗伦萨。反过来讲,当看到一个中文的音译人名阿诺德·施瓦茨辛格时,如果想要找出其原名Arnold Schwarzenegger ,就是反向音译。一般来说,使用罗马字母的拼音文字语言会保持原词语字母的拼法,以原语言的发音规则或自己语言的发音规则来发音。但在象形文字与拼音文字语言之间做音译时,则需要尽量将原语言的发音用另外一种相近语言的音素表示出来,而且要符合目标语言的语音组合规则。显然,拼音文字与象形文字之间的音译处理相对来说较为困难,而反向音译比正向音译更难。正向音译允许某种程度的失真,所能接受的错误范围较大;但反向音译则不同,反向音译不允许错误,也就是在找出原文的过程中,必须要相当准确,否则反向音译的结果应用性就很差。

三、跨语言检索的技术重点

跨语言检索的技术重点主要集中在语言资源、翻译歧义性消解等方面。

(一)翻译所需语言资源的研究

在跨语言检索中,主要解决的问题是语言障碍。因此,两种或多种语言之间的翻译对于跨语言检索的性能有着重要的影响。而翻译必须以一定的语言资源作为基础,在跨语言检索中,常用的语言资源有手工编制双语词典(manually generated bi-lingual dictionary)、机器可读词典(machine-readable dictionary)、机器翻译(machine translation)、语料库(corpus)等。

手工编制双语词典是翻译人员进行翻译必备的工具,具有准确、全面的优点,但在跨语言检索中难以实现计算机的自动识别处理。

机器可读词典是把手工词典以机器可读的编码形式进行组织,便于实现两种语言在词汇层次上的对译,但如果机读词典不借助人工干预,那么翻译的歧义性问题就难以解决。

机器翻译能够在语句层次实现两种语言的翻译,但目前这种技术还不成熟,基本停留在语言表层的句法层次(syntactic),其语义翻译(semantic)水平还远未达到实用的程度。

语料库,尤其是平行语料库的应用不仅改善了词翻译的不确定性,而且对于专有名词的翻译也有着重要意义,因为在平行语料库中,词与词(包括词与短语和短语与词)之间的对应是唯一的,很多在手工词典和机读词典中不能获取的词都可以在平行语料库中得到。基于语料库的跨语言检索已成为近几年研究的热点。

各种语言资源在跨语言检索中的使用不是孤立的,同时使用两种或多种语言资源会达到更好的效果。

(二)翻译歧义性的消解

在跨语言检索的翻译中,最难解决的问题是翻译的歧义性(ambiguous)。也就是说,对于一个单词,其译文可能有两种甚至多种,出现二义性或多义性,如中文检索词"运动"有如下英文意义:sport、exercise、movement、motion、campaign、lobby等。而每一个英文词可能有一个以上的意义,如"exercise"有"a question or set of questions to be answered by a pupil for practice""the use of power or right"等意义。无论在哪一种语言中,一词多义的现象是非常普遍的。那么,在对查询进行处理时,确定检索词的确切含义是非常重要的;而对被检索文献而言,要提高检准率,就需要明确文献中出现的检索词的含义,以判断其相关性。因此,翻译歧义性问题已成为跨语言检索研究的关键问题。

解决语言歧义性的自动处理方法分为两大类:一类是在一定程度上模仿人类解决歧义性的方法,在处理过程中结合人工构造的语法学、词法学、句法学、语义学等方面的知识,力求给出文本非歧义的解析表达。但是机器要在这种全文本层次上实现正确有效的分析是相当困难的,其性能水平无法与高昂的语言分析成本相对应,因此这类方法大都局限在语言的特定子集或较小的领域中。鉴于此,许多研究者更关注较实用的方法,力图以较低的成本达到较合理的性能水平。例如,利用一种词的共现技术(Co-occurrence)来消除词的多义性,以明确其含义。词的共现技术就是利用两个有关联的词共同出现在某一篇文献或者文献的某一个部分的这种关联来确定词义的技术。例如,country 既有"国家"的含义,又有"乡村"之义。如果 country 和 music 同时出现,那么它的含义在很多情况下应该是"乡村"之义;如果 country 和 our 同时出现的话,那么它的含义在很多情况下应该是"国家"之义。在第二类方法中,重点主要放在词汇和短语等较低语言层次的歧义消解上,所依赖的工具主要是一些机读化的语言资源,如词典、主题词表、语料库等,而词典和语料库是目前消歧方法中应用较多的两种。

1. 词典方法

词典方法主要用来分析语言中的词汇信息及其结构,以确定各个单词间细致的关系。

词交叠(Overlap)方法推测单词在给定语境中正确的含义,以实现词汇消歧。该方法将歧义词的每个含义同与其共现(Co-occurrence)词的定义进行比较,与共现词定义有最大交叠的那个含义选为歧义词的正确含义。

词根还原技术(Stemming)是一种汇聚相同概念词的技术,也是解决歧义性问题的一种方法。词根还原技术的词根还原器根据词义对词进行汇聚,被汇聚的词不一定具有相同的词根。这种还原器充分利用了各种词法信息:利用不规则词法可用来识别词义,如 Antennae 是与昆虫相联系的 Antenna(触须)的复数,而不是与电子设备相关的天线(其复数为 Antennas);因为后缀只附着于特定词类的词根上,因此可利用这类信息区分同形异义词。实验表明,这种词根还原器能够显著改进消歧的效果,尤其是对于文本较短的情况。

▶▶ 2. 语料库方法

Champollion 系统就是运用语料库方法来消除固定搭配短语的歧义性。在翻译中,固定搭配短语不能逐字翻译,Champollion 将短语视为一个相邻单词或含有任意数量单词的序列,借助建立在句子层次上的平行语料库对短语进行翻译。对于给定的源语言短语,Champollion 使用距离系数识别与其高度相关的目标语言词汇,然后这些词汇再通过系统化的迭代方法处理而生成源语言短语的译文。在这种迭代方法中,首先处理目标语言词汇的每个词对,选出与源语言短语高度相关的词对进入下一个步骤;通过向这些词对加入相关的单词生成高度相关的三元词组并进入下一个步骤;这种处理反复执行,直到不再发现高度相关的词组合。最终,目标短语的词序参照语料库中的例子确定。

(三)交互式系统

在跨语言信息检索环境下,用户与检索系统的交互也是非常重要的。目前,有一些系统和搜索引擎提供了这种技术。如某系统所提供的交互手段主要是:在用户输入检索词之后,系统会显示一个翻译列表,这个列表上显示了该词所有可能的翻译形式,每种翻译形式的排列也是有规律的,即按照它的使用频率来排列,并且每种翻译形式之后都用查询所用的语言做了解释,以便用户理解和选择。用户在选择所使用的翻译形式之后,再把查询提交给系统,这样系统就可以更加准确和迅速地找到用户所需要的文献。

第三章 图书馆数字化建设与管理

第一节 图书馆自动化系统的建设与管理

一、图书馆自动化系统建设发展概况

国内外图书馆自动化系统之间存在较大差距。通过对国外主要图书馆自动化系统的一些特点进行总结,我们可以看到图书馆自动化系统的发展趋势。

(1)基于 UNIX 标准,采用先进的体系结构,支持多种通用平台。这种体系结构为自动化系统的灵活配置提供了充分保证,同时这种体系结构能够将大规模的事务处理分散到多个硬件平台之上,对于将来保持系统的高效运行、实现系统规模的进一步扩充有着重要的意义。

(2)采用大型数据库,提供全文检索和元搜索(Meta-search)功能。元搜索方式也已经引起图书馆自动化系统厂商的注意。利用 Z39.50、LHTML 分析以及其他相关技术,用户只需键入一次检索词,Meta-search Engine 就会自动将这一检索词广播给多个信息来源,分别检索各个信息源的内容,将各个信息源的检索结果集中整理,最后给出一个经过重新排序的检索结果。

(3)以 Web OPAC 为中心,构筑信息门户。"信息门户"的概念正在改变着图书馆自动化系统的发展方向。传统的 OPAC 仅提供一个图书馆的馆藏查询或进一步提供一些外部的数字资源链接,在整个图书馆自动化系统中处于不起眼的地位。然而随着互联网的发展,OPAC 已从图书自动化系统的边缘产品成为整个系统的核心。随着检索(Z39.50)、馆际互借(ISO 10160)、流通(NS)标准的应用,使得互操作成为可能,许多图书馆自动化厂商已经将越来越多的服务内容建立在 OPAC 之上,构筑一个图书馆的"信息门户"。

(4)提供数字内容创建和管理平台,实现数字资源的收集、加工、整理和应

用。除馆藏书目之外,图书馆还需面对类型众多、内容各异的数字资源。为了实现对这些图像、视频及其他多媒体内容的管理,将这些内容与传统的书目记录进行集成,图书馆自动化厂商在其自动化系统之上开发和创建了新的数字内容管理平台。

(5)提供开放链接和无线道路,以实现系统间的互操作。越来越多的图书馆认识到链接是这一转换过程中的核心部分。许多图书馆都在创建以期刊为纽带的链接数据库,通过它可以存取期刊的存刊状况、期刊的 Web 站点,甚至进一步存取期刊目次、期刊文摘乃至期刊的文章全文。随着网络技术的迅速发展和不断渗透,移动计算技术实现了任何时候、任何地点都能接入网络获取所需的信息这种服务方式。用户无论是从移动电话还是从掌上设备进行检索,服务器都能给予应答。

二、我国图书馆自动化建设发展概况

我国图书馆自动化始于 20 世纪 70 年代中期,系统的研发始于 20 世纪 80 年代初,在 20 世纪 90 年代中期,我国图书馆自动化系统的研发曾经出现了一个高潮时期,当时推出了目前在国内较有影响的几个大型自动化系统,并提出了"第三代图书馆自动化系统"的概念,图书馆自动化系统完成了由各馆单独开发到商业开发的过程,各馆纷纷购买了新的软、硬件,引进了国内外先进的图书馆自动化系统,提高了图书馆的工作效率和服务水平。

国内较有影响的几个大型自动化系统主要有:图书馆自动化集成系统;文献管理集成系统;丹诚图书馆管理系统;汇文文献信息服务系统;通用图书馆集成系统;金盘图书馆集成管理系统;"文津"图书馆综合管理系统等。以上各图书馆自动化系统基本上包括八个模块:采访模块、编目模块、典藏模块、流通模块、期刊模块、系统管理模块、OPAL(联机书目查询)、Z39.50 系统模块等。

此后,国内图书馆自动化系统处于相对平淡的一个历史时期,无论在理论上还是在整体技术实现上都没有大的突破。有的学者甚至认为图书馆自动化系统已经达到了顶峰,没有发展的余地了。然而,近几年随着计算机技术、通信技术和网络技术的不断发展，许多图书馆自动化系统已不能适应当前图书馆工作的需求，工作效率和服务水平都有待提高，特别是在我国信息化水平不断提高的今天，文献信息共建共享势在必行。因此，国内外图书馆自动化系统制造商在"第三代图书馆自动化系统"的基础上对图书馆自动化系统在多个方面进行了较大的改进，扩充了图书馆自动化系统的网络功能。

在我国三大体系的图书馆中，高校图书馆在图书馆自动化方面发展最快。一般来讲，高校和科研图书馆中自动化系统的应用代表着图书馆自动化系统的发展水平和主流市场。与之相比，公共图书馆数量最多、分布最广。虽然各地区的经济发展水平不一，公共图书馆的自动化水平参差不齐，但是它的自动化水平代表的是我国图书馆自动化建设的整体水平。目前，公共图书馆自动化建设水平较低，而且地区差异性很大，经济发达地区的县、区级以上图书馆都实现了自动化管理，而经济落后地区的市级图书馆都还处于手工操作阶段。

分析我国图书馆自动化系统的使用情况，很容易看出我国图书馆自动化系统在使用过程中的特点——区域性。形成这种区域性特点的原因有两个：①各高校在引进图书馆自动化系统时会到同地区的高校考察，学习系统使用的实践经验，在听取使用情况介绍过程中，受其影响而选择了同一系统；②同一地区或同一联盟的各高校图书馆为了实现地方性的文献信息资源共享而选择同一系统软件，这样有利于开展地区性的联合工作与服务，如我国Calis的联合采购、联合编目以及地区性的文献资源共建共享。同样，在近几年的发展中，我国公共图书馆由原来的手工地区性协作网络发展成了现在真正意义上的地区性网络，形成了地区性的文献资源共建共享网络。这种基于同一自动化系统的地区性网络将会是公共图书馆自动化发展的一种趋势，会有越来越多的地区形成这种模式，从而实现全国所有地区、所有系统的图书馆的信息资源共建共享。

随着科技的进步，不管是高校图书馆、科研系统图书馆还是公共图书馆，初次引进的图书馆自动化系统由于受到当时技术背景或自身经济实力的制约，在数年之后有些已不能适应当今时代的技术背景，不能满足业务上的时代需求，具体表现在以下三点：①旧的系统已不能处理日益丰富的多样化馆藏资源。比如，随书光盘、多媒体资源等。②当前的图书馆自动化系统多是以书目为中心的服务，而目前读者要求的则是以内容为中心的服务，在这一点上自动化系统有待提高。③在网络技术日益普及的今天，我们要求图书馆自动化系统提供资源与服务整合的功能，甚至是与外部资源的 API(服务接口)接口等。此外，由于图书馆自动化系统开发商自身的问题导致系统的技术支持受到影响，迫使图书馆更换原来的自动化系统。

三、图书馆自动化建设的发展趋势

(一)加强与完善自动化系统的功能

图书馆自动化系统要想更好地为用户提供服务，就必须根据用户不同需求的改变适应各种多样化的使用要求，有效满足用户不同层次的需要。在此基础上，国产图书馆自动化系统必须加强与完善自身的功能。首先，加强自动化系统的信息管理，实现图书采访、编目、流通、存取参考咨询、公共查询、联机检索等作业信息方面的管理；其次，加强信息检索自动化。通过自建的信息数据库，并与国内外的数据库系统自由联机或购买数据库开展相应的信息检索服务。

(二)加强共享性较强的数据库建设

图书馆自动化系统除了要求在计算机网络方面有所改进外，更重要的是加强数据库的建设，大力发展索引型、文摘型、事实型和全文本型的数据库。要重视数据库的标准化和系统的兼容性与通用性，采取必要的技术保证数据的一致性，从而使数据库具有高度的共享性。当前对系统进行一次开发的过程中多数系统都存在难以逾越的障碍，因此随着图书馆发展需求，新一代系统不应再走一次开发的路子，而应从实际出发从数据库基层开始，使产品能真正达到新时期图书馆的网络互联要求。

(三)加强新一代图书馆自动化系统的开发

1. 解决技术问题

图书馆自动化系统开发的正确技术路线是影响图书馆界日后发展的首要问题之一。要开发出适合网络发展需求的新一代图书馆自动化系统,首先要解决技术问题,可从两点考虑:①在已存在的各图书馆自动化系统的基础上解决各系统之间的接口问题,这样各系统之间可以互联,系统功能可互补;②由政府协调和引导,与主要软件开发商拟定合作开发与推广方案,开发商之间不应回避技术困难,应在曾开发过的第一代图书馆系统的经验基础上取长补短,齐心合力攻克难关,扫除一切技术问题,为我国图书馆自动化系统的开发选择正确的技术路线。

2. 解决系统开发的人力资源问题

虽然目前在图书馆界具备新系统开发能力和技术的人员有限,但可从原来系统开发的成功项目中吸取经验,打破图书馆界人才难以流动的局面,在全国范围内招聘优秀软件开发人才或高薪引进人才,在原有的、基本的、核心的功能基础上开发出新一代图书馆计算机系统。如果组织合理,有可能短期内就能达到开发目标。

(四)加大图书馆自动化系统网络化的进程

我国图书馆界目前所应用的图书馆自动化系统大多数只是机械地"复制"传统图书馆各个环节的操作,甚至呆板地照搬手工工作流程,软件的编制多是先由图书馆人员提出传统手工作业工序与流程,然后尽可能地将其一一转化为计算机自动操作模式,未能充分发挥计算机的功能,并不能称为自动化系统,而只能称其为利用计算机对图书馆某些工序进行自动控制。因此,信息网络化将成为图书馆建设的新模式和发展方向是确定无疑的。随着现代化技术的应用,图书馆各个环节的工作将逐步实现网络化、智能化和自动化,服务方式与内容出现多样化,管理模式开始实现协作化。所以,我们应该突破传统图书馆的界限,设计与网络接轨的自动化系统,使图书馆的自动化系统实现网络化,各种图书馆通过网络进行联合,在资源共建共享的前提下开展各项信息服务,为读者提供更完善、更系统的服务。

1. 实现图书馆之间多元接口的网络互联

在当今信息社会,数字化、网络化已成为现代图书馆发展的必然趋势。传统图书馆要想发生质的变化,图书馆自动化系统就必须具有强劲的网络互联功能,要达到图书馆之间的网络互联,应解决多个接口的技术问题,如系统接口类——Z39.50联机访问接口、HTML超文本接口、系统与各种关系型数据库的接口、多媒体信息处理接口、全文数据库接口等。

2. 实现图书馆资源共享

通过地区或本系统网络成长,开展联机合作编目、采访协调、馆际互借和联机检索,实现地区性资源共享,并通过本地区或本系统的网络接通国家信息网乃至国际信息网络,参与全国乃至国际资源共享是图书馆自动化发展的趋势。读者方面,实现网上阅读、查找资料,电子阅览室不仅为读者提供了"查找资料"这一图书馆传统的功能,而且为读者开通了一条对外交流的方便且快捷的途径。具体的工作有以下三个方面:

(1)实现UNIX书目数据库共享:读者可以使用主题、分类号、题名、责任者、国际标准书号等检索方法,对中国书库、期刊库、采购库等馆藏书目数据库进行检索并获得相应的书目信息,因此图书馆一定要建设具有特色的专题数据库,为广大读者提供更好的服务。

(2)充分利用国外数据库:开展对国内外大型数据库的检索更能使读者领略到知识海洋的丰富和享受到获取文献信息的便利,以更好地实现图书馆的工作价值。

(3)图书馆的网页服务:可以在网上发布图书馆简介、图书馆规章制度、藏书资源布局、开放时间、服务指南、图书馆最新消息等信息,还可以开设网络信息资源,推荐选修课或在文献检索课中增加电子信息检索内容。

图书馆实现自动化、网络化不仅是时代对图书馆的要求,也是图书馆发展的必由之路。

第二节 数字图书馆的建设与管理

一、数字图书馆概念

20世纪90年代初期,计算机技术、网络技术、信息存储技术等高科技的飞速发展使数字图书馆冲破最后的技术障碍,成为信息服务业一个明确的研究开发领域。在其后的十余年里,数字图书馆得到了世界范围的瞩目,美国首当其冲,其数字图书馆先导研究计划第一期的成功和第二期的实施对美国乃至世界各国的数字图书馆建设起到了极大的推动作用。与此同时,各国的数字图书馆研究高潮迭起,有关计划、项目和课题层出不穷,从互联网可以查到的数字图书馆项目、课题就有数百个之多。每一个项目的组织机构都站在各自的角度,以自己的理解对数字图书馆进行开发和研究,使数字图书馆的概念定义和发展形态呈现出跨国界、跨行业、跨学科的丰富性。

对于数字图书馆这样一个不断变化和发展的新生事物,要确定一个科学、完整而又公认的定义还需要长时间的认识和发展过程。目前经整理过的定义有近百种,分别从不同的角度对数字图书馆的内涵与外延进行了界定。

"中国数字图书馆工程"中提出:"数字图书馆是采用现代高新技术所支持的数字信息资源系统,是运行在网络环境下的、超大规模的、便于使用的、没有时空限制的知识中心,是下一代互联网上信息资源的管理模式。"

美国数字图书馆先导研究计划第二期在第一期的基础上重新探讨了数字图书馆的定义,他们认为:"数字图书馆不仅仅是数字馆藏及管理工具的集合,而应包括信息、数据和知识在整个创建、发布、利用、存储等生命周期内的所有活动。"

来自美国国家科学基金会的"国家级挑战"项目报告的定义是:"数字图书馆是一系列的信息资源以及相关的、将这些资源组织起来的技术手段,如创建、检索、利用信息的技术;是涵盖了现有分布式网络中所有数字媒体类型(文本、图像、声音、动态图像等)的存储与检索系统。"

此外,引用较多的一个定义是:"数字图书馆是一个数字化系统,它将分散于不同载体、不同地理位置的信息资源以数字化形式存储,以网络化的方式互相连接,提供及时利用,实现资源共享。其核心是数字化和网络化;其实质是形成有序的信息空间。"

综上所述,对于数字图书馆可以给出一个限定外延的描述性定义:"数字图书馆是在分布式计算机网络环境中信息资源的组织形式,提供国家信息基础设施(NII)的关键性信息管理技术,并提供其主要的信息资源库。"对于数字图书馆的内涵可以理解为:利用数字技术和计算机网络创建、存储、获取、发布、传播信息的图书馆或信息机构。

二、数字图书馆具有的特征

与传统图书馆相比较,数字图书馆表现出了更具发展潜力和服务力度的特征。

(一)信息资源数字化

数字图书馆信息资源以二进制编码形式存储,用"0"和"1"来组成信息资源的细胞,是借助计算机技术才能读取的多媒体数字信息资源。信息资源数字化是数字图书馆区别于传统图书馆的本质特征。

(二)馆藏虚拟化

数字图书馆是一组由计算机、服务器等设备组成的电子设备,通过网络向外延伸,形成一个虚拟馆舍,数字图书馆创造了一个奇特的"信息空间",用户对馆藏的利用不再受地理位置及时间的限制。

数字图书馆的信息服务依托国际互联网平台,通过计算机和现代通信网络为用户提供各种信息服务,检索方便,开放性强。用户通过远程联网计算机就可以轻而易举地查询数字图书馆提供的信息,而且用户只需关心自己的信息需求,不必考虑信息来自何处。

(三)信息服务个性化

网络环境下,用户对数字化信息及信息服务形式的个性化需求日益突出,数字图书馆作为依托于网络的信息服务系统,提供个性化、主动化的信息服务成为其不可推卸的责任,嵌入个性化定制、个性化推送功能是数字图书馆增强竞争力的有效手段。

(四)信息利用共享化

数字图书馆信息资源的数字化和传递的网络化带来了信息服务的共享化与开放化,其共享化的广度和深度是以往图书馆所无法比拟的,具有跨地区、跨行业、跨国界的特点。

(五)信息提供知识化

目前,数字图书馆正努力实现由文献提供向知识提供的转变。它将各种信息在知识单元的基础上有机地组织起来,以动态分布的方式提供信息服务;而元数据、自动标引、内容搜索、数据挖掘等知识发现与组织技术将成为数字图书馆发展的关键技术。

三、成功的数字图书馆信息服务模式

数字图书馆的建设逐渐表现出结合用户的需求特征,分析并制定能满足和预测用户信息需求的服务策略,建立相应的信息服务模式。当前成功的数字图书馆信息服务模式是以用户的需求为牵引,利用数字化资源和相关技术开展有效的、不同层次的、多种类型的集成化、个性化信息服务,从而逐步建立一个支持用户有效利用信息提炼知识、决策分析、解决问题的知识服务机制。

(一)数字图书馆信息服务模式对传统服务模式的创新、发展和突破

数字图书馆信息服务将补充而不是替代传统信息服务。虽然数字图书馆信息服务的优越性是传统图书馆所无法比拟的,但从图书馆学理论的角度分析,无论图书馆以何种模式出现,都将秉承其收集、管理并传播文献信息的基本职能。因此,在理论上,数字图书馆只是从根本上改变了信息收集、加工、存储、传播与利用的方式,进而拓展和优化了传统图书馆的服务模式,其基本职能和服务宗旨并未改变。正如大英图书馆的观点所言:"数字化信息服务将补充而不是替代传统信息服务。"由此可见,数字图书馆的信息服务模式是最大限度地满足用户需求为宗旨,是对传统服务模式的创新、发展和突破。

(二)成功的数字图书馆的信息服务模式是以用户为中心的集成化信息服务

数字图书馆历经十余年的发展历程,从侧重基本结构和数字化资源总体建设阶段步入了"以人为本"的发展阶段。现如今,数字图书馆成为一种集多种智能化技术于一身、融多种信息资源于一体的综合性的信息资源库,并力图提供集成化的信息服务。数字图书馆的集成信息服务是指针对某一特定领域或特定用户群的信息需求,集成多种信息技术把多种服务形式与分布式管理的信息资源集成有机的整体,使用户得到面向主题的"一站式"的信息服务。因此,数字图书馆区别于传统图书馆和其他门户网站的重要特征是:既不是传统图书馆以机构和资源为中心的模式,也不是各种网站以系统为中心的模式,而是以用户为中心的集成化、多元化服务模式。

用户的个性化信息需求促使个性化信息服务成为数字图书馆集成信息服

务的主导形式。网络环境下,用户的信息需求日益个性化,从而引发数字图书馆信息服务模式的深刻变化,个性化信息服务逐渐成为数字图书馆服务的主导方向。数字图书馆个性化信息服务的基础就是集成信息服务,前者是在后者的基础上给数字图书馆加上了一个智能化的、友好的人机界面及个性化系统,其有效地帮助用户准确表达信息需求,将数字图书馆集成信息服务的结果提供给用户,同时为用户提供网上私人信息空间。所以,个性化信息服务是数字图书馆集成信息服务的深化与发展,能最大限度地发挥数字图书馆的集成信息服务功能。

总之,成功的数字图书馆信息服务模式是以用户为中心的,高度社会化、开放化的信息服务系统,呈现出信息资源数字化、信息传递网络化、信息利用共享化、信息提供智能化、知识化以及信息服务集成化、个性化、多元化的发展趋势。

第三节 图书馆特色数据库的建设与管理

一、我国图书馆特色数据库建设的现状

(一)高校图书馆特色数据库建设情况

中国高等教育文献保障体系(CALIS)于1999年7月设立了CALIS特色数据库和导航库建设项目组。CALIS特色数据库建设一期由24个成员单位共建成25个"特色库"。CALIS二期"十五"全国高校专题特色库于2003年9月启动,到2005年12月验收评审,完成了不少于50个具有中国特色、地方特色、高等教育特色和资源特色,服务于高校教学科研和经济建设、方便实用、技术先进的专题文献数据库。其中,约10%的专题库形成标志性的成果在资源内容和技术设计方面具有示范效应。验收合格的专题特色数据库除了为全国普通高校服

务外,同时面向社会,为国民经济建设、公民素质提高、文化事业、地方发展提供服务,并取得一定的社会效益和经济效益。

我国"211工程"高校图书馆从20世纪90年代后期以来,也对特色数据库进行了建设。我国高校图书馆特色数据库的建设是紧紧围绕本校学科特色而建设的,以学科特色及除学科和地方特色外的其他专题为主,地方特色及商情数据库(指那些能提供与国际国内商务活动有密切联系的各类信息的数据库,即有关公司、产品、市场行情、商业动态、金融活动、专利、技术标准及有直接关联的税法、国家政策等方面的信息数据库)建设相对较少,商情数据库仅占263个特色数据库的4.9%。在这些数据库中有近百个在CALIS特色数据库建设项目立项,在CALIS统一规划下建设。我国高校图书馆在特色数据库的建设标准方面基本都按照CALIS特色数据库的相关建设标准。

(二)公共图书馆特色数据库建设情况

随着我国计算机网络和图书馆自动化、数字化的发展,我国公共图书馆也加强了对图书馆的数字化建设进程。在特色数据库建设方面,公共图书馆特色数据库建设以地方特色为主,其次为某一专题特色数据库的建设,学科特色的数据库很少,商情数据库的建设比高校图书馆多。然而,这些数据库中数据量4万条以上的仅占总数的10.5%,而且东西部公共图书馆的特色数据库建设差距较大。从东中西部的图书馆数量与总图书馆数量之比和东中西部的图书馆所建特色数据库数量与总的特色数据库数量之比基本一致来看,东中西部的图书馆特色数据库建设的差距并不是特色资源分布方面的差距,而主要是特色数据库建设投入方面的差距。

(三)科学院所图书馆特色数据库建设情况

中国科学院图书馆、中科院武汉图书馆、中科院上海图书馆及中科院资源环境科学信息中心(中科院兰州图书馆)等科学院所图书馆建有32个特色数据库,其中有27个特色数据库是科学研究方面的专题,占了所有数据库的84.3%,所建数据库数量较少、规模较小,大多仅限于本单位使用。

二、目前我国图书馆特色数据库建设存在的主要问题

(一)数据库建设条块分割、各自为政

我国的文献信息服务机构主要由三大服务群体组成,即高校图书馆系统、公共图书馆系统和科技系统。由于各服务群体隶属关系和管理体制不同且国家对之缺乏宏观调控,没有一个负责对各系统特色数据库建设实行整体规划和协调数据库建设多方参与者之间利益的权威性机构,各系统之间缺乏横向联系和整体协调,具体表现在数据库存建设上是条块分割、各自为政,以至于所建成的数据库往往结构单一、规模小、专业面狭窄、标准不统一且大多只能是自用数据库,共享性差。由此可见,我国图书馆数据库建设"单打独斗"的局面已经严重阻碍了我国数据库产业的发展。但随着互联网的普及和网络技术的成熟,三大系统之间实现信息资源共建共享已成为信息时代信息资源建设的必然趋势。

(二)数据库建设的标准不统一

数据库建设的标准化、规范化是实现信息资源共建共享和文献信息检索自动化的重要基础和前提之一。数据库建设的标准化主要表现为两个方面:数据库管理系统的标准化和数据库数据著录的标准化。由于我国缺乏统一的信息资源建设管理机构,各图书馆或数据库开发商各自为政、各行其是、自由发展,在数据库建设的标准化和规范化方面处于比较混乱的状态,各系统有各自的标准。在数据库管理系统的标准化方面,具体表现在:基于数据库管理系统的标引系统、检索系统和操作系统等多种多样;数据库格式、字段不一;数据的标引、分编、检索点选取没有统一的标准和严格的质量控制,由此造成数据库的兼容性和互操作性差,原始数据处理不完备、不准确、不规范、不统一,从而影响了数据库的共享,限制了数据库作用的发挥。

(三)知识产权保护相关法规亟待完善

随着我国文献信息资源的数字化,知识产权问题已成为数据库建设中的热点。一方面,数据库的开发在制作上凝聚了开发者辛勤的劳动和智慧的结晶,并投入了大量的人力、物力、财力和技术,具有创造性,应受到法律保护,享有完全的知识产权;另一方面,被收入数据库中的原作品著作权人的合法权益也理应得到保护。但事实上由于知识产权保护意识不强和相关法规不健全,以导致有关侵权事件或法律纠纷时有发生。由于数据库往往采用电子数字形式,与计算机软件一样很容易被复制、套录和篡改甚至非授权使用,使得数据库开发者的智力成果极易被侵害,从而损害了数据库开发者的利益,并打击了他们开发数据库的积极性。

知识产权保护需要从法律、运营、技术三个方面考虑和解决。要增强知识产权保护意识,完善相关法律法规,在遵循有关法律的前提下最终合法地解决版权保护问题。如何尽快从运营和技术两个方面出发建立公正和实用的运营模式和技术平台是当前我国文献信息资源数字化必须解决的难题。

(四)特色数据库的共建共享有待进一步改善

信息全球化的一个重要标志是实现全球信息资源的共享,而实现国内信息资源的共建共享是这一目标的基础和前提。在这方面,我国已开展了卓有成效的工作。"中国高等教育文献保障体系(CALIS)"是我国高等教育系统文献资源共建共享的典范。"全国文化信息资源共享工程"建立了由国家中心、省级分中心、基层中心组成的网络,主要进行文化信息资源的建设与传播,为社会大众提供信息服务。与此同时,在经济比较发达的北京、上海、广州及其他一些地区的高校图书馆也纷纷建起了以实现本地区资源共享的网络系统。在高校图书馆系统文献信息资源共建共享的先导作用下,公共和科研系统图书馆也纷纷开展了基于网络环境下的文献信息资源共建共享活动,目前已基本形成了公共、高校、科研三大系统三足鼎立的文献信息资源共建共享的格局,所有这些无疑对全国图书馆数据库建设起到了巨大的推动作用,但三大系统资源建设各自分离的局面又阻碍了信息资源的共建共享。

(五)具有特色的商情数据库的建设较少

通过对我国三大系统图书馆的特色数据库建设情况的调查发现,公共图书馆、高校图书馆和科研院所图书馆分别以地方特色、学科特色和科研专题特色为主来建设特色数据库,公共图书馆所建的特色数据库中,地方特色数据库占了63.2%,特色商情数据库仅占8.6%;高校图书馆所建的特色数据库中,学科特色数据库占了54.4%,特色商情数据库仅占4.9%;科研院所图书馆所建的特色数据库中,科学研究专题特色数据库占了84.3%,没有特色商情数据库的建设。《中国数据库大全》商情类数据库建库单位类型统计结果显示,图书馆所建设的商情类数据库仅占整个商情类数据库的0.2%。这和我国图书馆文献信息中心的地位是极不相称的,也是与我国市场经济的发展不相适应的。

(六)数据库自产自用,数据库产品缺乏市场开拓

通过对我国三大系统图书馆的特色数据库建设情况的调查显示,70%的特色数据库仅限于馆域网或局域网使用,外网无法查阅;而且当前的特色数据库建设还处于起步阶段,缺少市场意识和市场环境,数据库产品缺乏市场开拓,注重社会效益,严重缺乏经济效益,这样光投资无回报,不利于数据库建设的发展。

三、我国图书馆特色数据库建设的对策

(一)加强国家宏观调控和行业协调

面对我国图书馆特色数据库建设整体上条块分割、各自为政的局面,国家要制定统一的方针政策、发展目标、发展规划、总体构想、实施方案等,打破各系统、各部门条块分割、彼此封闭的格局,对整个图书馆系统及其他有关部门

进行宏观调控,逐步建立协调建库的管理机制。而在行业内部,宜建立一个发展协调委员会,其任务是对特色数据库的数量和质量、分布和选题、类型和规模等进行摸底、登记,把握好数据库建设的审批关、验收关、监督关,负责制定有关数据库建设的标准、规范及数据的记录格式,数据库的存储、获取、传输的一致性协议等,以确保数据库在网络运行中的兼容性、可靠性及安全性。这方面,高校图书馆系统建立的CALIS系统无疑起到了带头作用。此外,国家应建立统一的中国数字资源发展协调委员会来组织协调各系统图书馆特色数据库的建设,统一标准规范,促进知识产权的合理解决,以促进国内外图书馆之间的特色数据库建设的合作与共享。

(二)加强图书馆特色数据库建设的合作

1. 合作建库的优势

通过各系统图书馆之间、同一系统图书馆之间、不同地区及国内外的联合与合作,统筹规划,共同开发,联合共建,可以在信息、技术上互通有无,资源共享;在人力、物力、财力上各尽所长,优势互补,联合攻关。相互合作不仅增强了社会各领域的联系,也加强了机构与机构、人与人之间的交流,易于形成我国图书馆特色数据库建设的整体优势,建设一批有特色的专题数据库或特色数据库,对信息资源进行有效的配置和可持续开发。这样不仅可以改变以往特色数据库建设自建自用、"大而全""小而全"的格局,而且可以避免重复建库和留下空白学科,使每一学科的建设达到相当完备的程度,为资源共享创造良好的条件。

2. 合作建库的原则

如同所有的国际合作一样,图书馆的合作尤其是国际合作必须遵循平等互惠、优势互补的基本原则,也要遵循"统筹规划"的原则。这样才不会损害合作者的利益,才能使合作变得顺利。

3. 合作建库的途径与方式

合作的途径与方式多种多样，包括机构与机构之间、系统与系统之间、地区之间、国家之间都可以根据资源建设的实际情况来确定具体的合作途径，国内外所有信息部门之间都可以进行合作。具体的合作方式主要有：①文献信息的交流；②人员合作；③联合办刊；④项目合作；⑤通过技术实现特色资源共享方面的合作。

4. 合作建库的运作模式

当前特色数据库建设的运作模式大体有以下三种：一是由国家投入全部资金，用户基本免费获取数字化资源。这种方式起步快、见效快，但投入大。二是商业化运作。即由公司投入资金，用户付费查阅、获取信息资源。三是政府投入与部分商业化运作相结合的模式。一方面依靠政府投入部分资金；另一方面向用户收取成本费来补充政府投入的不足。特色数据库的建设作为图书馆数字资源建设的主要内容，运作模式也主要是以上三种。

从国内外图书馆特色数据库建设的经验来看，图书馆特色数据库建设的合作建设在组织管理上呈现出四个共同特点：①由相关政府部门总体规划；②以工程立项形式具体实施；③操作过程中重视多个单位、部门的分工协作；④相关法规的制定。

实践证明，采取政府宏观调控、主管部门统一组织、申请立项、多单位分工协作的组织管理方式有利于提高特色数据库的建设质量和速度，有利于解决数据库建设过程中分散、低质、规模小、浪费资源的现象，又可消除资源建设的学科空白，使每一个学科的建设达到相对完备的程度，以更好地推动特色数据库建设的发展。各部门、各单位要根据馆藏特色、学科重点或地方经济发展的需要选择合适的建库目标，在国家统一协调下进行，有计划、有步骤地建立具有专业特色、地方特色、类型特色、文种特色等多种类型的数据库，要加强经营管理，既要注重社会效益，也要注重经济效益。

5.加强图书馆特色数据库建设的质量控制

质量控制包括前期质量控制、中期质量控制和后期质量控制。前期质量控制主要是对选题、相关软件的开发与选择过程的控制。除了如何选题、如何进行相关软件的开发与选择外,还要决策科学化、民主化,并建立审查制度。决策是在进行调查研究、收集大量信息形成的数个开发项目中进行选择的过程。决策科学化就是要事先进行可行性论证,采用需求分析法、读者调查法、系统分析法、专家评估法等方法对数据库的选题等事宜进行科学化决策。审查制度的建立就是为了监督开发项目和开发方案在具体实施以前向主管领导和主管单位申请。由上级组织人员对项目可行性和开发价值进行评议,从而控制特色文献数据库的开发规模和整体质量。中期质量控制主要是数据库建设的标准化、人力资源使用的合理化以及管理科学化。图书馆特色数据库的建设必须制定和遵循关于数字化加工、资源描述、资源组织、资源互操作和资源服务等方面的标准和规范,才能保证其可使用性、互操作性和可持续性。因此,标准与规范建设是图书馆特色数据库建设高效、经济、可持续的根本保证。

目前我国的标准化建设毕竟还处于探索阶段,应在实践中进一步完善,以保证我国数字化工作的高质量发展。岗位责任制是促使数据库建设工作顺利开展、保证工作效率和质量的一项有效措施。通过岗位责任制规定各项人员工作质量要求与衡量标准,运用定量与定性双重标准进行管理,明确其有把开发工作做好的义务,规定其对开发失误要承担的责任,通过完善工作制度来控制开发人员的行为,进而控制开发成果的质量。后期质量控制为了保证数据库的高价值和高质量,建立监督检查制度是十分必要的。检查制度是数据库质量控制的重要手段,在数据库质量的控制上有着十分重要的地位,通过检查既可以发现存在的问题,又可以督促工作人员积极认真地工作。

数据库建设的最终目的在于利用,因此要建设高质量的数据库就要注重数据库的使用情况以及用户对数据库的反馈意见,为此要加强对数据库的使用跟踪调查,调查该数据库是否能满足用户的需求,检索是否简单易用、还存在哪些问题与不足、是否需要改进、宣传力度是否足够、是否涉及知识产权问题等,跟踪调查是保证数据库稳健发展的必要条件。另外,还要加强数据库的安全管理,保证数据库的安全运行。

6. 合理解决知识产权问题

我国数据库建设正方兴未艾,然而在建设过程中涉及许多知识产权问题,特别是著作权问题。我国虽然在1998年2月成立了中国版权中心,但著作权集体管理组织只能是基于会员的委托代作品著作权人行使有关权利,其进行授权许可的范围只能是著作权人已经委托的作品。因此,为了更好地解决我国在数据库开发过程中的版权保护问题,促进数据库建设,有必要借鉴国外经验加快著作权集体管理制度在我国的进一步实施。特色数据库版权的保护是一个较为复杂的问题。虽然国内几个大型的中文电子图书系统——中国数图公司网上图书馆、书生之家、方正阿帕比数字图书馆都有各自的版权解决方案、解决技术,但在运行过程中不仅在获得版权授权方面比较困难,而且对加密上载、水印技术、后台管理等技术的保护更是无暇顾及。根据发达国家的经验,如果不好好关注和解决迟早会使我国的著作权保护陷入尴尬的境地。另外,真实、完整的版权信息对于高效、准确的授权是必需的。我国《电子出版物管理暂行条例》《出版管理条例》都规定出版物要载明权利管理信息,但是删除、篡改、伪造版权信息,破坏技术保护措施或提供破解技术保护的服务日益增多,国际上许多新的版权立法已明确规定此为非法行为。可见,我国在今后的数据库建设中既要加强对数据库保护技术的研究,更要加强立法,对数据库的侵权行为加以严厉打击。

7. 加强对数据库产品的营销

经过几年的发展,我国图书馆的特色数据库建设在数量、规模、类型上均取得了长足发展,但总体上来说,利用率还比较低。有的因为建库时只追求数量,而忽视了质量;有的因为只注重数据库的生产和成果鉴定,仅停留在为建库而建库的基础上,忽略了如何推广和应用,至于经济效益就更不必提了。

当前数据库生产的发展趋势是投资的国际化、数据库内容的国际化以及数据库生产与联机服务的跨国经营越来越普遍。为此,在数据库产品的市场开发中,有必要引入深层次营销思想,向产业化方向发展,尽可能使数据化产品的价值得到最大限度的发挥。"深层次营销"是以电子商务和网络营销为手段,以企业和顾客之间的深层次沟通、认同为目标,从过去长期单一关心人的显性需求转向同时关心人的显性需求和隐性需求,并注重关心人的隐性需求的一种新型的、互动的、更人性化的营销新模式和观念。深层次营销要求顾客参与企业的营销管理中,给顾客提供无限的关怀,与顾客建立长期的、稳定的合作关系,并通过大量人性化的沟通工作,使自己的产品、品牌在顾客的心目中产生"润物细无声"的效果,使顾客对自己的品牌产生依赖感和忠诚感。

第四节 图书馆网络信息服务的管理

信息传递的网络化拓展了图书馆信息服务的内容,加速了以用户信息需求为导向、以网络信息技术为平台、以网络信息资源深层开发为基础的网络信息服务的发展。因此,图书馆网络信息服务的科学管理问题成为图书馆信息服务研究的重大课题。

图书馆网络信息服务管理的主要目的是通过对网络信息服务的提供者、使用者和网络信息服务本身的规范管理,提高图书馆网络信息服务的质量和效率,从而为用户提供更加优质的网络信息服务产品。

一、图书馆网络信息服务的类型及发展

图书馆网络信息服务是指图书馆通过计算机网络,基于数字化网络化信息资源为用户提供解决问题所需知识的智能型信息服务工作。管理思想和方法将影响图书馆网络信息服务的方式与理念。同样,服务方式及理念将影响图书馆网络信息服务管理的方法与理念,因此,在研究网络信息服务管理之前,有必要先对网络信息服务的类型及其发展趋向进行分析,进而为网络信息服务管理模

式分析、归纳提供帮助。

(一)图书馆网络信息服务的类型

图书馆网络信息服务方式从不同角度有不同的划分。按服务的模式分为主动服务、被动服务、交互式服务、自助服务等;按服务的内容分为 Web 页面服务、参考咨询服务等;按服务的受众可分为一对多、多对一和多对多服务等。这里主要从内容这个角度分析图书馆网络信息服务的两大类型,以明晰其发展趋势。

▶▶ 1. Web 服务

Web 服务是目前图书馆网络信息服务的一个主要存在形式,信息资源存储在 Web 站点上,主动或被动地提供给用户,以满足用户的网络信息需求。

(1)面向内容的 Web 页面服务。这是图书馆为用户提供的最原始的、相对直接的网络信息服务。在此阶段的服务方式中,图书馆网络信息服务的重点放在网络信息资源建设上,也就是说,此种服务的主要目的是把各种信息资源数字化、网络化,使用户能够以网站为平台,通过浏览、查询、检索等方式获取网络上已经预置好的各种网络信息资源及服务。在此服务方式中,网络信息服务只是图书馆实体(或者说是传统的)信息服务业务在网络上的延伸,并没有发生本质的变化,面向内容的 Web 页面服务仍是一种被动的、一对多的服务方式。

随着图书馆各种数字资源和服务方式的增多,各种数据资源和服务挂在页面上,没有构成一个相互联系、相互支持的有机整体,使整个图书馆网络信息服务处于一种被动的、无序的状态,而这种被动的、无差别的服务方式不利于用户获取个性化信息。为了解决这种状况,就出现了按需的 Web 服务方式。

(2)面向需求的 Web 个性化服务。在图书馆面向内容 Web 页面服务方式中,更多的是向用户群体提供标准化服务,较少注意到个性化、差异化的服务。随着网络技术和通信技术的迅速发展,网络上的服务越来越多,在管理和利用上处于一种无序状态,增加了网络信息服务管理和用户获取信息的难度。用户对 Web 服务的要求越来越多样化,有效组织好现有的网络资源、提供给用户满意

第三章　图书馆数字化建设与管理

服务就成为图书馆发展必须解决的问题。而按需的 Web 服务方式的出现为这些问题的解决提供了一种新的思路。

为提高网络信息服务的准确性，更好地满足用户不断增强的个性化需求，图书馆网络信息服务方式逐步过渡到面向用户对象的差异性和个性化服务，更加重视人的价值和人的服务，特别是有针对性地为用户提供个性化的服务。个性化服务指专门针对个体用户需求开展的针对性服务。具体来说，就是利用智能代理和信息推送技术，通过用户对信息资源、界面、检索方式和检索结果的定制，了解和发现用户的兴趣，主动从网站上定制信息，经筛选、分类、排序，按用户的特定需求，通过用户定制的网页或邮件系统，主动推送给用户的现代信息服务。个性化信息服务是适应图书馆网络信息服务用户多样化需求的重要手段，是对应复杂图书馆网络信息服务资源与支持系统的有效途径，是用户组织数字化信息资源的理想方法。个性化信息服务通过为用户提供友好的交互界面，使用户可以按照自己的目标和需求，设定自己的信息来源、表现形式、网络功能、服务方式，并通过智能检索与推拉服务，达到提高服务效率的目的，也使图书馆网络信息服务实现了用户参与的信息资源选择与评价功能，使用户参与网络信息服务管理中来。

按需的 Web 服务是一种主动的一对一、多对一的服务方式，在按需的 Web 服务方式下，各种服务在网络（图书馆网站）上发布以后，可以根据不同的用户需求进行组合，形成新的服务，从而使网络信息服务更加智能化和个性化。

2. 虚拟参考咨询服务

Web 服务的主要目的是通过一个资源平台（网站）向用户提供信息资源，满足用户的信息查询需求，而虚拟参考咨询的目的是满足用户的咨询需求，这是图书馆网络信息服务的另一种重要的形式。

虚拟参考咨询服务按照不同的划分方法有不同类型，如按参考知识库的范围可以分为独立式参考咨询系统和协作式参考咨询系统；按照系统的处理程序可以分为自助式专家系统和专家回答式的人工系统等。我们一般按照交互的时间来划分,分为"同步服务"和"异步服务"。

(1)异步参考咨询

异步参考咨询又称非实时网上参考咨询服务,主要采用电子邮件、BBS系统、留言板等方式或几种方式相结合实现网上的参考咨询服务。此类方式为目前图书馆网络信息服务中用得较多的一种模式,如上海图书馆的合作化参考咨询服务就是采用电子表格和电子邮件相结合的方式,用户遇到问题可直接给选定的咨询员填写电子表格,经系统转换后以电子邮件的方式转送给专家,专家将被允许在一周内以电子邮件的方式回答用户的提问。

(2)实时参考咨询

由于异步参考咨询采用问题提交的方式不能满足用户对获得问题解答的实时、互动的需求,所以为了弥补异步参考咨询的不足,真正实现网络信息服务的快速性,进而出现了实时参考咨询。

实时参考咨询是采用实时软件技术,如聊天工具、同步浏览页面的咨询系统等,服务人员在网上实时地、"面对面"地解答用户提问时,它能更好地、实时地满足用户的需求。目前,国内的TPI系列软件平台就提供了虚拟参考咨询和个性化定制服务,前者能实现在线实时交流,但根据试用结果来看,还缺少相应的支持,专家数据库并不完善。

(二)图书馆网络信息服务的发展对服务管理的影响

对图书馆网络信息服务类型及发展趋向的研究是为了使网络信息服务管理符合服务发展的规律,进而推动服务的发展。

当前图书馆网络信息服务无论从内容、形式上还是服务手段上,都随着网络技术和通信技术的迅速发展而逐渐成熟,而且在应用广度和深度方面都有突破,较之从前发生了深刻的变化,特别是近年来呈现出以下发展趋势:从内容单一的服务转向综合性服务模式;从以 Web 服务为主转向多种形式网络信息服务并重;从单项分散服务转向系统化信息保证方向发展。

图书馆网络信息服务从简单的信息发布、信息共享逐渐演变成智能的多功能服务,由内容主导型向服务主导型转变,由被动接受到主动出击,其目的都是更好、更快地为用户提供深层次的、人性化的信息服务,更充分地利用网络信息资源。因此,对网络信息服务管理的重点也应该体现网络信息服务的趋向与精神:①网络信息服务由被动向主动转化,要求管理不再是因管理而管理,而要转变成基于用户的管理,加强与用户的沟通与联系,让用户参与服务与管理的过程中;②由简单服务向智能服务转变,反映了用户对服务速度和质量的要求,因此管理过程中要建立最佳工作流程,进行质量监控;③服务的个性化,要求网络信息服务人员要有团队精神,加强相互之间的合作,以满足不同用户的个性要求。

以上这些要求在管理中的集中体现就是要以用户为目标,以适应用户按需服务的要求建立管理模式,并在管理评价中以用户为中心。

二、图书馆网络信息服务管理的内容

(一)图书馆网络信息服务的资源管理

资源包括支撑图书馆网络信息服务的网络资源、系统平台、门户网站及相关的设备等,对这些资源的管理是图书馆进行网络信息服务的基础,也是服务管理的一个重要因素,是网络信息服务产品品质的保证。在资源管理中,因为对系统平台及设备等资源的管理,如系统维护、网站更新、设备维护等更多的是一种日常的技术管理。在此主要论述图书馆网络信息资源的管理。

1. 图书馆网络信息资源的构建与深层次开发

(1)图书馆网络信息资源的构建。任何信息都是为了满足特定用户的某一需求而产生的。图书馆网络信息服务的目的是使网络信息资源从记录状态转变为用户接受状态,满足用户对某一信息的特定需求。

图书馆购买的数字资源和应用系统的增多,一方面意味着用户对信息需求的满足程度将得到提高,另一方面也意味着用户利用其信息资源的难度增大,硬件资源割裂所造成的浪费也增大。因此,如何合理地、有效地、动态地配置各种基础设施资源,对网络信息资源进行科学组织与管理就成为图书馆网络信息服务管理的一个关键点。

信息构建是通过合理地组织、标识信息并构建信息环境,以改善信息浏览及信息检索的过程与效果的科学和艺术。图书馆对网络信息资源构建的目的是合理组织现有网络信息资源,把复杂的信息变得明晰,方便用户对网络信息资源的自由存取,为图书馆个性化网络信息服务奠定基础。图书馆网络信息资源构建包括两个层面:一是网络信息资源计划,此项管理内容应纳入图书馆资源计划,属于图书馆全面管理的内容;二是在一个标准体系下图书馆对网络信息资源进行整合,这是我们要讨论的层面。

一个图书馆在一定时期所拥有的资源是有限的,图书馆为实现图书馆整体战略目标,必然要对现有资源进行整合,也就是依据一定的需要,对各个相对独立的数字资源系统中的数据对象、功能结构及其互动关系进行融合、类聚和重组,重新结合为一个新的有机整体,形成一个效能更好、效率更高的新的数字资源体。其目的就是满足用户的个性化需求,提高查全率和查准率,将有限的资源有侧重点地利用于战略目标实现的领域,凸显竞争优势,实现网络信息资源价值增值。从管理的角度来看,图书馆网络信息服务下的资源整合又分为两种:①内部资源的管理:也叫本地资源管理,主要是通过信息门户体系(图书馆网站),根据特定用户需要对分布在本地的相关信息资源与服务(包括网络资源、数据库、数字文献、目录与馆藏、文献传递、参考咨询、数据分析等)进行整合。②外部资源的管理:在资源管理过程中,通过数据链接把合作图书馆和其他机构所能提供的服务与资源添加到本图书馆网站中并进行管理,以此来弥补本地资源的不足。

按照网络信息服务发展的方向,网络信息资源构建过程中要加强与其他信息服务机构的合作,以满足用户个性化主动推送服务为目的,以用户为中心,对网络资源进行构建。

(2)图书馆网络信息资源的深层次开发。图书馆网络信息资源开发是指通过一定的技术手段,将贮藏于网络信息资源中的信息由不可得状态转变为可得状态,由可得状态转变为可用状态,由低可用状态转变为高可用状态。

前面所说的网络信息资源的整合事实上也是一个开发的过程,它是把网络信息资源由不可得状态转变为可得状态并提高网络信息资源的可获得性。要把网络信息资源由可得状态转变为可用状态、由低可用状态转变为高可用状态,就要对网络信息资源进行深层次开发,增加信息的附加值,这也是为了更好地满足用户对信息需求的价值取向。

图书馆网络信息资源挖掘的深层次开发主要有两个途径:一是将网络上的信息源下载下来,包括国内外数据库、电子期刊及相关网站对本校师生有特定需求的网上信息资源,进行自动辨别、跟踪,经过加工整理,建立特色数据库或以文本形式储存和利用;二是建立网络信息资源指引库,即将互联网上与某一或某些主题相关的结点进行集中,按方便用户检索的原则,采用用户熟悉的语言组织起来,向用户提供这些信息分布的情况,指引用户查找和获取所需的信息。

对网络信息资源的深层次开发可以使图书馆网络资源构成一个"网络信息链",使网络信息组织程度大大提高,有助于用户正确了解和把握图书馆网络信息资源,高效而充分地利用网络信息资源。

2. 图书馆网络信息资源质量管理与标准化管理

图书馆网络信息资源建设的最终目的是要生产出优质的网络信息服务产品,保持良好的应用前景。网络信息服务产品具有高投入、高成本的特点,如果在网络信息服务产品的设计和规划阶段出现失误,那么将会带来巨大的经济损失,导致用户的不满与丢失。因此,只有在信息服务产品设计与规划阶段树立质量意识,实行严格的量化控制,减少各种因素带来的偏差,合理界定质量水平和成本大小,在产品质量和价格上充分满足用户的要求,才能稳定并拓展用户市场。对网络信息资源进行质量管理不仅能为图书馆网络信息服务质量的提高打下良好的基础,还可以使有限的资源投入获得最大的社会效益和经济效益。

同于网络信息存在状态多样化的特性,这就要求我们必须规定信息揭示的统一标准和获取、使用信息的具体规则，保证所有网络信息资源都可以得到充分利用，以便实现不同图书馆网络信息资源之间的互联与交流；在网络信息组织方面实现分类体系的统一，便于畅通的数据互换；在联机联合编目方面实现目录的标准化，便于用户以统一的检索途径获取信息等。实现数据的标准化与统一性是网络信息资源共享的前提条件，所以，对网络信息资源管理实施标准化控制是很有必要的，同时也保证每一个用户的信息需求都可以得到满足。

标准化管理是图书馆网络信息资源的有序化组织与管理的一个重要组成部分，为网络信息资源的可获得提供保障。图书馆网络信息资源标准化管理体系所涉及的内容众多而复杂，涉及四个主要领域：①文献信息资源的数字化、网络化建设标准管理；②网络信息资源导航服务标准管理；③网络信息资源共享标准管理；④网络信息资源存储标准管理。

3. 图书馆网络信息资源安全管理

我们在为用户提供网络信息服务的时候，安全问题也应该引起我们的重视。信息安全有技术方面的因素，也有管理方面的问题。技术方面主要侧重于防范外部非法用户的攻击，管理方面侧重于内部人为因素的管理。图书馆网络信息安全管理主要包括以下四个方面：

(1)杜绝信息污染。信息污染是指无用信息、劣质信息或有害信息渗透到信息资源中，对网络信息资源的收集、开发和利用造成干扰，甚至对用户产生危害。要防止信息污染，图书馆网络信息服务提供者就要根据一定的标准，并利用一定的工具从动态的网络信息流中选取或剔除相关信息，对网络信息进行过滤，这样有助于减轻用户的认知压力，提高获取信息的效率，可以减少不必要的信息传递，使网络更加顺畅，防止垃圾信息，使用户不受不良信息侵扰。

(2)防止信息泄密。防止授权用户泄露保密信息给非授权用户、非授权用户或外部人员通过不合理或非法手段窃取个人信息。网络信息泄密是网络中的信息在存储、传播、使用或获取的时候被其他人非法取得的过程。随着有偿数字服务的开展，盗窃数据行为的可能性和危险性也在不断增加，任何有价值的东西都有可能被盗，包括数据、光盘数据库、科研数据和敏感的统计报告等。

（3）防范信息破坏。防范恶意制造和传播程序破坏计算机内所存储的信息、程序和计算机硬件。内部管理内容有操作不当引起对信息的破坏，还有对网络信息安全威胁较大的恶意程序，主要有计算机病毒、计算机蠕虫、特洛伊木马和邮件炸弹等。

（4）规范信息使用，以免侵权。网络信息的发展和应用导致信息内容的扩展、信息载体的变化、信息传递方式的增加，这就扩大了知识产权保护的范围，诸如计算机软件侵权、数据库产品侵权、网上信息侵权等。因此，图书馆要保护网络信息资源的知识产权，处理好合理使用与保护的关系。

4. 图书馆网络信息服务的人员管理

图书馆网络信息服务的人员管理包括网络用户关系管理、对合作者的管理及对网络信息服务人员的管理，这是图书馆网络信息服务管理的主体。

（1）图书馆网络用户关系管理。这里说的网络用户是指一般意义上的外部用户。网络用户关系管理主要通过相关的管理技术和方法对网络用户进行系统化研究，识别有价值用户，对用户进行沟通和教育培训，从而改进服务，提高用户对图书馆网络资源的重复利用率，为用户创造价值，进而提高用户的满意度。利用用户关系管理的各种工具可以发掘用户信息，为主动个性化服务提供依据，为图书馆实现按需网络信息服务奠定基础。

事实上，在一个信息资源爆炸的世界里，图书馆依赖原始数据量的优势作为核心竞争力已经变得越来越没有意义。因为原始数据的获得已经没有那么困难，真正使人们感到困难的是对原始数据的加工，进行筛选、浓缩加工成为用户需求最有价值的东西。用户最需要的是有效的选择与加工能力，而要做好这件事情最重要的资本是对用户业务需求进行充分理解。

网络化使现代图书馆的用户界限越来越模糊，用户群越来越庞大。然而，图书馆网络信息服务不能像公众网站一样面向所有用户，其必须改变以往的粗放和无差别的被动式服务传统，要采取集中性、分层次、密集型的重点服务策略，这种策略可以集中地了解和满足特定的细分网络用户的需要,实现针对性的服务。

图书馆网络信息服务在面向普通用户、基础用户的基础上,把网上服务的重点放在自己的核心用户群上,即从多元化和多层次的用户群中选择确定具有辐射和影响力的核心用户,建立起与本馆网络信息服务能力相匹配、相适应并能促使用户感知价值同步提高的核心用户群,如高校的著名教授、学科带头人、研究生、课题小组、科技创新小组等个体或团体用户。目前,通过互联网的信息服务主要面向单个终端用户的、以一个内部网作为用户的信息内容需求模式正在增加。

核心用户策略的关键是核心用户的选择及服务内容、服务领域的确定,这就要进行充分的调查论证:用户对图书馆网络信息服务必须有极高的需求热情;确定的核心用户必须符合本馆网络信息服务的宗旨,有助于图书馆网络信息服务的可持续发展;本馆的网络信息服务能力与用户的需求相匹配等。

(2)对合作者的管理。未来的图书馆网络信息服务应该走联合发展之路,供应商、合作伙伴作为图书馆价值链的一部分也是关系管理的一个重要问题。图书馆通过与服务提供商、资源供应商、技术供应商及其他图书馆网络信息服务部门进行全面合作,可以利用单位力量更加容易实现自己的目标,提高自身能力。

图书馆与图书馆之间不仅联合议价、联合购买使用权,而且可能对网络信息资源进行联合著录控制、联合使用管理、联合永久保存等。在为用户提供网络信息服务的过程中,为了扩大资源,我们经常要与其他图书馆进行合作,主要体现在两个方面:一方面是通过链接对方资源、资源内合(通过电子链接把外部的某个图书馆能提供的服务增加到本图书馆的网站中)和直接从数据供应商处通过 E-mail 等进行原文传递等方式弥补本地资源的不足;另一方面就是在虚拟参考咨询的过程中相互之间的合作。因此,对合作伙伴的管理也将从这两个方面进行:一是对链接的管理,在链接对方资源的时候,由于各种原因可能会产生死链接,这时就可以通过专门的工具软件来实现;二是关系管理,通过加强与合作者的实时交流,共享用户和专家数据库,为用户提供更好的参考咨询服务。

图书馆不仅与传统的图书情报机构之间存在合作协调关系,而且可能和其

第三章　图书馆数字化建设与管理

他网络信息生产与网络信息消费之间的桥梁性机构(如商业性信息服务机构、数据库生产商、信息服务系统集成等)产生合作或竞争的关系。今后商业出版网络信息服务将是图书馆得力的合作伙伴,合作的方式也将由传统的单一购买变成购买、租用、合作建设数据库、合作出版等多种方式。传统的图书情报机构相互间合作也将进一步强化,它们从传统的协调采购、合作馆藏发展到现在的共同筹集资金、统一规划网络信息资源建设,使得共同体内各个成员馆的网络信息资源形成相互依存的资源整体。

供应商为图书馆网络信息服务提供了技术和资源基础,所以加强与供应商的合作能提高网络信息资源供应的效率,降低成本。图书馆网络信息服务只有积极主动谋求与供应商、合作者、用户的互联,将图书馆与用户、合作者、供应商连成一个完整的链状结构,形成一个极具竞争力的战略联盟链,才能满足用户的信息需求。联盟链的所有成员应尽可能消除图书馆界限,实现网络信息的共享与集成,以顾客化的需求引导图书馆网络信息服务活动,获得柔性敏捷的服务响应能力,实现从"我赢"到"双赢"再到"多赢"的转变,赢得生存与发展的空间。

(3)图书馆网络信息服务人员的管理。严格来说,服务人员的管理可以归到用户管理中。因为用户包括内部用户与外部用户,服务人员既是网络信息服务的提供者,也是网络信息服务过程中的用户。但我们还是习惯地把服务人员的管理单独列出来进行论述。

作为知识型机构的图书馆网络信息服务的人力资源管理,要运用有效的知识资本、智力资本管理手段,通过开发图书馆网络信息服务的团队成员和管理人员的显性和隐性知识资本,发展图书馆网络信息服务各个管理人员和动态知识服务团队的知识管理和服务智能,利用快速、新型的学习方式提高团队成员和管理人员的各种能力,鼓励团队成员和管理人员进行管理知识共享,形成开放式的团队成员和管理人员的轮换和流动机制,从而让团队成员和管理人员在实践和经验学习中获取知识,提高服务水平。

图书馆网络信息服务的人力资源管理必须正确把握管理人员、服务人员的角色分工与技能互补问题。图书馆网络信息服务的管理者尤其是团队领导应为团队成员提供及时的时间支持、经济支持、选择支持和管理支持等。图书馆网络信息服务的所有成员都要具有强烈的事业感和成就感，要在图书馆网络信息服务组织中建立一种基于协作和参与的、针对知识工作者的个性特色和群体特色的激励机制。在图书馆网络信息服务管理活动中，尤其要运用积极方式对把握风险、有效协作、相互支持的团队活动给予充分激励，要密切联系动态知识服务团队成员在管理工作和管理行为上的高智力、高技术等特质。

复杂的服务对象和海量的数据内容要求网络信息服务组织的结构更容易让服务人员进行各种合作，面向用户建立网络信息服务团队，这样才能适应这种复杂的局面。同时，基于"对话"的"交互式"管理也就成为增强知识管理和服务的组织保证之一。一方面，要发挥动态知识服务团队中主题专家的个人创造力和相互协作性，为各种新颖的知识管理和服务成果的取得提供方便快捷的思想交互方式；另一方面，要利用良好的"对话"氛围，进行专家与专家、专家与用户之间的管理协商，对动态的知识服务团队管理环境进行优化，对知识管理成果进行确认，使服务人员在一个良好的环境中工作。

(4)图书馆网络信息服务组织机构管理。任何管理都要以一定的组织机构来实施，组织机构的管理是图书馆网络信息服务管理得以顺利实施的保证。一个组织结构是以明确区分开来的职责为基础的，责、权、利必须一体化。职责只有在进行权限的相应委派之后才能确定下来，不能委派没有权限的职责。职责和权限是统一的，职责包括职位（职务）和责任这两个方面。只有职位而不能担负起责任或者只要求履行责任而不给其明确相应的职位都是不对的。至于"利"当然是指利益，这里包括物质利益（报酬）以及各种优先和方便，不仅是个人的利益，还包括集体的利益。贯彻责、权、利三位一体的原则能调动人们的积极性，保证组织结构的正常运行，从而取得最大效益。

为了充分适应现代组织管理环境，很多网络信息服务组织采用多模式组织的管理模式。其中，第一种组织形态主要以职能为中心，类似于一般标准结构的、稳定的基础组织单元即岗位管理，主要运用于一般性日常管理活动中，为动态知识服务团队提供管理支撑；第二种组织形态以任务为中心，是一种可及时变

第三章　图书馆数字化建设与管理

动、多任务、多功能的动态的知识服务团队,其成员来自第一种组织形态中或图书馆网络信息服务机构的外部,主要运用于关键性或集团性管理任务的运作,并根据图书馆网络信息服务的需要重组机构。

制度管理也是机构管理的一部分。广义的网络信息服务的制度管理涉及网络安全、网络信息安全、资源版权的处理、文献传递规则、服务处理、解决问题责任等;狭义的管理制度即网络信息服务的内部操作规程,包括组织的各种章程、条例、守则、规程、程序、标准等,制度管理就是指根据这些成文的规章制度,依靠组织职权进行的程式化管理。

网络信息服务的制度管理要以现有的法规为指导原则,并对业务细则进行规定:信息服务人员的设置方案、培训制度、工作流程、工作规范、服务承诺制、考评制度、服务评价、案例库建设规范、用户库建设规范、安全条例等。

▶▶▶ 5. 图书馆网络信息服务过程管理

服务过程的管理是对图书馆网络信息服务过程进行全程控制,以保证用户能顺利获取自己所要的网络信息服务产品,是服务得以顺利进行的保证。服务的过程管理包括服务前的用户需求分析,对硬件通信上的安全管理,使网络信息服务的通道顺畅,避免造成网络堵塞;服务过程中从用户端保证其与馆员之间的交流能够顺利进行;服务后的评估与跟踪服务管理等。对服务的过程管理是让服务人员与用户交流并为用户营造一个良好的环境而做的努力以及网络下对网络信息服务的一些延伸,如电话回访、线下面对面交流等。在网络信息服务中,网络信息服务人员(馆员)的服务过程是一个不完全信息的动态博弈过程。服务人员怎么服务,会影响到用户(群)如何获得和利用信息;反之,用户(群)如何获得、利用信息同样影响到信息服务的范围、设施、方式等,这是一个服务与被服务、管理与被管理的互动过程。我们应特别强调馆员在信息服务过程中的主导与导向性,还有交互性,即服务人员与对象的相互交流。

在网络信息服务过程中也要进行全面质量管理,以提高网络信息服务自身的品质。网络信息服务机构只有以用户的质量需求为驱动,提供优质高效、令用户信赖的服务,才能吸引用户,才能在激烈的竞争中获得成功。质量方针是网络信息服务机构总的质量宗旨和质量方向,它说明网络信息服务机构在确立质量方面所追求的目标以及为达到这个目标所遵循的方向和途径;质量文化是一种崇尚质量、追求卓越、尊重社会和用户的意识、道德和行为,培育质量文化就是要通过更加尊重人、激励人、教育人等手段提高机构内全体成员的质量意识和综合素质,从而使质量不断提高。全体网络信息服务人员应确立共同的信息和价值观,自觉接受准则的规范和约束,并依照质量价值观的指导进行自我调节、管理和控制,从而使机构的整体素质得到提升。

图书馆的宗旨是"读者第一,服务至上",在网络信息服务过程管理中更需要遵循"用户至上"的原则,这不仅是对图书馆网络信息服务质量的评价,更是对服务工作的一种激励,一种目标追求。随着信息环境的网络化和数字化,用户信息需求特点发生极大的变化,用户对信息商品和服务的要求越来越"苛刻",呈现出多样化和个性化的要求。因此,图书馆在网络信息服务过程中只有遵循"用户至上"的原则,为用户创造价值,让"用户完全满意"才能赢得用户。

三、图书馆网络信息服务管理模式

网络信息服务及管理在图书馆一般由某个部门来承担,通常如信息服务部等。图书馆网络信息服务管理是图书馆整体管理的一部分,但具体情况具体分析的辩证法则告诉我们,网络信息服务管理因自己的特性而决定其管理上的一些特点,那就是在管理的过程中要体现"满足用户的个性化需求"的要求。

(一)网络信息服务的线性管理

1. 网络信息服务的线性管理模式

图书馆网络信息服务的线性管理就是根据图书馆网络信息服务工作性质划分成若干线条,按每条线的工作流程进行管理。

以流程为线把图书馆网络信息服务的各相关要素连接起来,进而形成一种线性流程,相对应的管理方式我们称之为服务的线性管理模式,也称链式管理。图书馆网络信息服务线性管理是为了满足服务流程和服务发展的需要,适应网络信息服务的线性流程而产生的。它以流程为中心,以用户为导向,通过提高网络信息服务效率,减少不必要的环节,进而降低服务成本(时间和人力等)。网络信息服务类型的多样性在一定程度上决定了流程的多线性,因此在线性管理中要重视并控制,充分发挥团队的优势。

图书馆网络信息服务线性管理模式,把涉及服务过程中的信息供应商、合作者、服务人员、用户都纳入管理中。图书馆网络信息服务的线性管理包括如下三个方面:

(1)服务的供应源管理。供应源管理即分析在整个网络信息服务体系里的供应源并对其进行管理。网络信息服务的供应源是产品生产商(如数据库提供商)的集合,包括网络信息生产资料提供商、网络信息产品提供商等。图书馆网络信息服务供应源的管理就是对网络信息资源共享的实现、网络信息产品提供的建立和拓展、用户需求的实时调查方面积极寻找战略合作伙伴。

(2)服务的需求源管理。分析需求源不仅包括最终信息产品的消费者,还包括中间产品的需求者,即流程的下一个环节的需求。需求源要求网络信息服务个性化、及时性、准确性,要求与供应源之间有互动。

(3)服务的供求通道管理。供应源与需求源通过供求通道实现网络信息服务产品的供求。供求通道的建立解决了供求双方的问题,能够降低其交易成本,并且在全国范围内使网络信息服务业协同一体化得到体现。网络信息服务提供者之间、网络信息服务提供者与平台之间通过一种协商机制谋求双赢目标。网络信息服务平台管理强调图书馆信息服务提供者巩固和发展自己的核心竞争力和核心业务,与其他提供商建立战略合作关系。利用自己的资源优势,通过业务流程的快速重组,创造出比竞争对手更擅长的、高附加值的关键业务,从而体现图书馆核心竞争力的价值。

▶ 2. 线性管理的形式

线性管理也就是链式管理,有两种表现形式:一种是开链式,一种是闭链式。

在开链式管理模式中，整个管理过程按预定的业务流程进行，各构成要素之间缺少互动循环，用户虽然被纳入管理的体系中，但在管理过程中与管理者、服务人员没有交流互动，对图书馆实现按需的网络信息服务并没有直接的影响，不能满足网络信息服务按需发展的特点，不利于用户价值的实现。

在闭链式管理模式中，网络信息服务人员提供服务后，用户消化服务产品，产生新的信息（新的信息资源和反馈信息），并返回给服务提供者，使网络信息服务处于一个良性循环中。在此管理模式中，用户对网络信息服务的管理也产生影响，但这种影响主要是一种管理决策上的影响，也不参与具体的管理过程。在这种闭链式管理模式中，由于用户与服务人员之间存在互相影响的关系，所以有利于图书馆提供按需的个性化服务。

（二）管理对象的网状管理模式

线性管理方式有先天存在的缺憾，那就是如果在流程的某一环管理不当，将影响整个流程的顺利运行。在线性管理中，供应商和合作者、用户虽然都被纳入管理中，但其本身并不参与管理，没有与图书馆信息服务内部管理产生一种互动的管理模式，相互之间联系也不是很紧密，因此是一种被动的管理。

在线性管理中，根据不同任务而形成不同的团队及流程，网状管理模式就是把整个组织看作一个相互联系、相互制约的网络结构，用户及供应商、合作者都是网络信息服务管理机构的一部分，由用户、供应商、合作者参与创造的知识和意见就变成了图书馆和用户、供应商、合作者所共有的财富。

网状管理是在前面所讲的点、线管理的基础上形成的，这是网络信息服务发展的要求。图书馆网络信息服务的一个新的方式就是协作咨询服务，由于信息需求和信息资源的多样性，仅靠单个图书馆或个别咨询机构做好信息咨询很困难，因此各图书馆网络信息服务部门必须团结协作，遵循协作的整体发展计划和规则，按照标准化、规范化要求，利用新工具、新技术、新方式建立分布式协作网络咨询服务系统及管理。在分布式协作咨询的环境中，各成员节点感知其他成员节点的情况，各节点具有自己的问答系统和问答知识库，通过互联网进行成员

第三章 图书馆数字化建设与管理

间咨询合作。这种分布式计算机技术协同工作系统为图书馆网络信息服务协作咨询创造了很好的环境。

网状管理可以加强网络信息服务的内部管理。现代网络信息服务机构内部及外部的管理和服务联系已不单单是传统的、等级的、线性的、纵向为主的关系，而是形成了一副极其复杂同时也是脉络清晰的管理"蛛网"。在管理和服务联系上，"蛛网"管理突破了稳定结构的界限，组织结构点与点的关联在技术上得到组织信息基础结构的支撑，形成了特定管理和服务的"超级链点"的"Web式组织形态"。这种知识联盟可以提高图书馆网络信息服务部门的学习和创新能力，可以将组织要素组合成动态的多任务的知识服务团队，可以扩展并形成新的知识产品和服务联盟。

网状管理还是为了加强网络信息服务外部管理的需要。理解用户需求的有效方法就是建立与用户的互动体系，在用户方和服务提供者之间提供一个面向服务的管理接口，使用户也可参与自己在提供者一方相关服务的管理工作，并及时监视服务的执行情况，以获取必要的信息。

1. 以资源为中心的管理模式

这是网络信息服务发展初期的一种管理模式，在对网络信息服务的管理中，一切以资源为中心。

2. 以项目为点的网状管理

该模式摆脱了传统图书馆网络信息服务结构化部门的禁锢，不受传统的垂直管理体制的约束，以项目为中心组建一个个临时的、可灵活变动的项目小组，即以承担的项目为分工，以特定任务为导向，随时灵活组织工作队伍，或兼职，或专职。小组中的每个成员可以承担多个项目，构成蛛网状的工作关系，根据项目任务中心的转移和更替进行服务小组成员的实时重组和调配。这种组织结构能使各项目组的人员通过工作对比发现自己业务的不足，主动提高自身素质，进而提高图书馆网络信息工作质量。这种组织结构打破了传统管理模式工作人员只关心本人的工作而忽视图书馆网络信息服务整体功能的弊端,所有网络信息服务人员都为图书馆网络信息服务的总体目标奋斗,每个人在多个项目中扮演不同的角色,承担不同的任务,不容易管理。实际上,正是这样,才发挥了每个人的最大潜能,每个人的知识才得到最大限度的利用,以确保各学科专业人员的专业知识得以充分发挥;服务人员之间也才得到最广泛的信息沟通和交流,解决了个人知识的有限性与服务需求的多样性之间的矛盾,从而使项目的完成最有效,图书馆的网络信息服务整体功能得到最好的体现。各成员工作的业务范围相互重叠,每个人对整个项目任务承担更多的责任,而不仅限于他们自己的那一小部分,由此产生较宽广的思路,有助于刺激创新。

(三)理想的管理模式——环境管理模式

在图书馆网络信息服务管理中,采用环境管理模式的目的是还原网络信息服务管理的现实本质。网络信息服务管理是社会大系统中一个小的组成部分,整个网络信息服务及过程可以看作一个环境,或者一个场,是一个与外界发生各种关系的有机整体。因此,在管理中,我们可以模仿自然界的生态环境,把网络信息服务的各要素看作维系一个"生态"环境平衡的重要组成部分,组织内部之间、服务人员与用户之间、服务人员与网络信息资源之间构成一个共同参与、共同合作、共同体验、互相交流、互相了解、以交流为主体的空间,这个空间可以是物理的(办公室)、虚拟的(虚拟空间交往),也可以是精神的(如共享的经验、思想)。这样可以实现图书馆网络信息服务组织机构的自我进化,以不断地适应外界对内部的压力,并在系统内部形成一个动态的平衡。

在此阶段管理中,重视的是组织成员的自我管理与民主。这种管理模式能为网络信息服务各要素营造一个具有自我管理、创新、发展机能的生态环境,使整个图书馆网络信息服务管理系统实现一种自我进化,不断适应变化中的图书馆环境及其他外界环境变化的要求,从而实现图书馆网络信息服务管理和谐发展的目的。

第四章 数字图书馆的服务

第一节 数字图书馆的虚拟服务

一、虚拟参考咨询服务的概念

虚拟参考咨询服务（Virtual Reference Service，简称 VRS）是一种基于 Internet（或 Web）的帮助服务（help services）机制。用户通过它可以电子的方式（电子邮件、Chat、Web Form 等）提出各种问题，请求网上的"信息专家"给予回答，而信息专家的回答也以电子的方式反馈至用户。因此，虚拟参考咨询服务是一项基于互联网的服务，不受系统、资源和地域等条件限制，能利用相关资源通过专家为用户提供 24 小时的不间断服务，并能使用户在限定的时间内获得可靠答案的新型虚拟咨询服务。其实质是通过网络化、数字化的手段为用户提供咨询服务，帮助用户获取所需信息。

VRS 具有两个明显的特征：首先，区别于传统图书馆参考服务中用户与参考馆员直接面对面的或电话式的信息传递方式，VRS 中用户的提问和专家的回答采用了当今主流的网络信息交流工具；其次，区别于一般网络信息搜寻过程，VRS 以多主题领域的信息专家直接响应用户的各种提问，是一种人工协调的提问—回答服务（question-and-answer services）。专家对用户提问的回答可以是直接、事实性、知识性的最终答案，也可以是印刷版、数字化的源信息的指示线索，或者是两者的有机结合。虚拟参考服务的实现必须具备的基本条件是：计算机网络环境、数字化参考咨询服务系统、数字化参考咨询源、资深的参考馆员。其工作机制主要包括以下五个步骤：

第一步，问题接收（question acquisition）：以各种电子方式接收用户的提问。

第二步，提问解析和分派（triage）：对接收到的用户提问进行分析、筛选、评估,并查询先前的问题/答案保存文档,看是否有现成的答案。若无现成的答案,系统便将此提问按照一定的规则发至专家库(poll of possible respondents),以寻求能回答问题的最合适的专家,专家库则根据一定的规则顺序回答问题。

第三步,专家生成答案(expert answer generation):专家根据自身知识和可获取的资源,按照一定要求回答问题并产生答案。

第四步,答案发送(answer set):专家回答问题后,答案粘贴在系统的回答页面供用户进行查询浏览。当然,答案也可直接发送至用户电子邮件信箱。

第五步,跟踪(tracking):通过所记录的提问信息了解每个问题的处理情况,如需要,可随时将当前处理的状况通报给用户,而每个问题回答后需将问题和答案进行存档,以便日后查询,这样就逐步形成了供检索的知识库。

二、数字图书馆虚拟参考咨询服务的模式

数字图书馆虚拟参考服务的一般模式有如下四种:

(一)静态的网上咨询服务

该方式中,咨询服务的提供者与接受者之间不发生实时的动态"接洽",虽然有时一些服务的提供方会定时或不定时地更新其服务内容,但主要服务方式并没有改变。内容包括借阅须知、书目查询、查找资料、网上新书通报、图书馆布局、常用资源介绍、学科导航、读者服务与读者指南、数据库等。

(二)基于电子邮件的虚拟参考咨询服务

这是虚拟参考咨询最早、最简单,也是最流行、最易实现的模式。美国佛罗里达州大学的图书馆于1989年秋季首创电子邮件咨询服务,以后几年里逐渐在大学图书馆和公共图书馆流行。这种模式的表现形式不尽相同,大致有两种形式。

最简单的形式是通过链接直接进入,一般是 Microsoft(美国微软公司)的

Outlook 电子邮件应用页面,收件人地址是系统默认的,读者可以根据自己的需要,如同和一般人交流那样书写信件内容,然后发送即可。接受咨询的一般为参考咨询部门,参考咨询部门收到提问后,会通过各种途径,将取得的直接结果信息或者获取这些信息的途径与方法仍然通过电子邮件传递给读者。

另外一种服务形式是幕后的参考咨询馆员可以呈现在读者的眼前,使读者对各位参考咨询馆员的简历和咨询学科一目了然。读者可根据需求的学科范围,有针对性地选择咨询专家。读者填写提问表单提交或发送,问题通过电子邮件传递给相应的参考咨询馆员,不久之后,读者就能得到满意的答复。这种形式的服务,一般要求建立一个管理中心或由专人负责。读者的提问和参考咨询馆员的回答在系统设计时都会同时传递到管理中心,管理中心负责统计问答数据和读者信息,协调各参考咨询馆员的网上参考咨询工作。如果参考咨询馆员不能回答读者提问,那么管理中心或分派给其他咨询人员,或自己回答读者提问。

(三)基于实时交互技术的虚拟参考咨询服务

由于基于电子邮件的虚拟参考咨询服务不能实现传统面对面咨询中实时交互的功能,人们开始寻求用新的技术和方法来提供能够实现实时交互的虚拟参考咨询服务。据 ARL(美国研究图书馆学会)2001 年对其 70 个成员馆的调查报道,其中有 20 个图书馆(约占 29%)已提供实时虚拟参考咨询服务。采用的技术主要是网络聊天室(Internet Chat)、网络共享白板(Stared White Board)、网络会议(Video Conferencing)和网络呼叫中心(Call Center Technology)。

使用 Internet Chat 技术实现虚拟参考咨询,如美国宾州大学商学院的实时参考咨询,主要是通过聊天软件如 Live Person 等作为支撑,建立虚拟参考咨询服务的聊天室,在图书馆网页上增加此虚拟参考咨询服务的链接。开设不同学科的小聊天室,参考咨询馆员是每个小聊天室的主持人,并对系统有一定的管理权限。读者通过浏览器进入图书馆网站点击"实时虚拟参考咨询"链接后,就启动了这个聊天性质的咨询系统,双方可进行文字形式的咨询交谈和传递咨询结果。

利用网络共享白板或网络会议技术可以让读者与参考咨询馆员通过图像和声音实现面对面的有声交流，又是另一种形式的实时交互虚拟参考咨询。一般利用 Net Meeting 等软件辅以摄像机、话筒、交谈窗口。系统除了聊天模块外，还可同时开启浏览窗口进行数据库检索，并将结果拷贝到聊天模块和白板上进行传输。这样，参考咨询馆员与读者可以面对面同步交流，及时显示图像和文字，达到读者到馆与咨询馆员当面交流同样的效果。

利用网络呼叫中心应用软件，可以集合电子邮件、聊天室、网络会议功能，并将它们与网页共享和应用共享技术相结合。系统提供咨询馆员"一对一"和"一对多"的咨询形式。在咨询过程中，双方可以实时传输各种格式的文件，参考咨询馆员可以通过系统同时向多个读者演示和讲解信息检索过程，实现类似远程互动教育的模式。

(四) 网络合作化的数字参考咨询服务

网络合作化的数字参考咨询服务是由多个图书情报机构联合形成的一个分布式的虚拟数字参考服务网络，是面向更大范围的网络用户提供的一种数字参考服务。它以浩如烟海的互联网资源及丰富的图书馆馆藏资源为依托，以全球图书馆及相关机构的数字网络为桥梁，以一批参考咨询馆员和主题专家为后盾，通过一定的咨询服务系统，为在任何时间、任何地点提问的任何读者提供参考服务。由于电子邮件和实时交互参考咨询的方便性和快捷性，很容易带来咨询请求量的急剧增加，参考咨询馆员也越来越多地遇到超过自身知识能力和图书馆可利用资源有限等难以一下解决的复杂问题。为了解决这些问题，及时、高效地为用户提供高质量的信息，各个图书馆在这项工作中产生了网上资源共建共享协作的理念，并充分利用各馆的馆藏资源特色和参考咨询馆员的人力优势，开展跨专业、跨地区、跨国界的全球性的参考咨询协作。基于这种想法，人们开始探索利用网络技术建立多个机构甚至多个系统的合作化的虚拟参考咨询服务系统。

三、国内外数字化参考咨询服务的实践

(一)国外数字化参考咨询服务的实践

▶▶ 1. 美国教育部资助的虚拟咨询台系统(Virtual Reference Desk)

美国教育部资助的虚拟咨询台系统是一个代表性的合作咨询项目,它以80多个专家咨询网站为基础,为中小学师生提供7×24小时的专家咨询服务。专家咨询网站又称为AskA服务网站,网络用户可直接进入相应网站提出问题,这些问题会传给具有专家身份的人员,他们回答问题后,将答案用电子邮件传给提问者。一般每个专家咨询网站都有若干专家来回答问题,或者利用邮件群在一组专家中公布问题和征求答案。虚拟咨询台系统利用网络将这些网站集成在一起,用户可直接向虚拟咨询台提出问题,系统会自动地利用所有专家咨询网站的资源来解答用户问题。

虚拟咨询台由一个分布式Meta-Triage系统和多个AskA网站构成,用户可通过Web、电子邮件等方式向咨询台提出问题,咨询台的Meta-Triage系统解析用户问题,用初步解析出的问题检索咨询知识库(咨询问题与相应答案库),或者交给网站搜索器检索AskA网站数据库并根据问题性质、用户身份、网站负担等确定合适的专家咨询网站。在这些处理过程中,系统将判断处理的正确性。如果正确性达到一定水准,就可直接进行下一步操作,否则会将处理结果交给人工分析模块由专门人员进一步分析处理。人工分析模块支持多个人员分布式地利用有关数据库进行答案正确性分析、复杂问题的性质分析、专家咨询网站确定和问题传送、重新编辑答案等。当问题被转给特定专家网站后,虚拟咨询台会利用自己的资源和程序回答问题,在此过程中还可与用户交互来澄清问题,或者将问题交还给人工分析模块重新确定合适的咨询网站,或者自行连入其他专家或专家网站。问题传送将采用标准协议(Question Interchange Profile,Quip协议),用XML语言标记,将对询问问题与答案、用户情况、处理要求、工作流控

制、服务费用支付等进行规范化描述,保证合作各方准确无误地交换询问问题和答案,并控制操作过程。系统还将跟踪咨询过程并可激发相应处理,同时将询问问题和答案组织到咨询数据库中。虚拟咨询台所采用的标准问题交换协议、工作流控制、人工与自动相结合的问题分析、分布式分析模块等将有力地支持网络环境和实际经济条件下的合作咨询服务。

2. 美国的 CDRS

CDRS（Collaborative Digital Reference Service）的意思是联合数字参考服务。1999年1月,在美国费城举行的美国图书馆协会冬季会议上,美国国会图书馆在广泛深入调查研究的基础上撰写并递交了建立和开展联合数字参考服务的建议方案。经过一年时间的方案论证与进一步的修订完善,CDRS 的实验计划于2000年1月正式启动,并将整个计划分为三个阶段分步实施。2001年1月,在美国华盛顿举行的美国图书馆协会冬季会议上,美国国会图书馆与OCLC联合举行了一个题为"建立虚拟参考咨询台"的研讨会,并公布了双方合作建立与开展 CDRS 的协议。

CDRS 系统是一个由多个图书情报机构、相关组织和个人共同参与进行参考服务的联合服务系统。它的宗旨是在任何时候为任何地点提出问题的任何人提供专业的参考服务。该系统主要由成员属性文件（member profile）、提问管理器（request manager）、问答结果集（result store）、问答知识库（knowledge base）等组成。

CDRS 作为一个全新的网上联合参考服务系统,其工作流程与服务管理也是一种全新的模式。一般来说,CDRS 工作流程分为接受提问、分派提问、回复提问、存储答复和建立问答知识库五个主要环节。

作为一个全球性的合作项目,CDRS 的成员发展非常之快,到2013年11月底,来自澳大利亚、奥地利、保加利亚、加拿大、韩国、新西兰、挪威、新加坡、瑞典、泰国、荷兰、英国、美国和中国香港地区的200多家图书情报机构、相关组织与专家咨询网站加入了CDRS。目前,它已成为全球规模最大、服务范围最广的网上数字化参考服务系统。

第四章　数字图书馆的服务

3. 英国的 Ask a Librarian

EARL（Electronic Access to Resources in Libraries）的意思是图书馆电子化资源的取用。该计划联合了100多所公共图书馆的力量致力网络资源的开发。英国的"公共图书馆网络联盟"（the Consortium for Public Library Networking）旨在促进英国公共图书馆经由网络提供高质量的信息服务，其提供的"请教图书馆员"（Ask a Librarian）服务就是这样一种服务。

Ask a Librarian 是 EARL 公共图书馆网络联盟提供的服务中的一部分，1995年开始从英国公共图书馆网上获取项目信息，目的是充分利用网络优势为图书馆用户和其他公众提供服务。Ask a Librarian 于1997年11月推出，有40多个公共图书馆参与，到2011年10月，成员馆已经达到94个。对成员馆采用的是各个图书馆轮流值班的管理制度，即规定某一天由某个图书馆负责解答用户的咨询。该系统通过网页表格接收用户咨询的问题，按照用户的地域和年龄将问题通过电子邮件分发给当天值班的图书馆，咨询人员再将答案以电子邮件传回。国外成功的数字化参考咨询项目还有很多，如美国教育部的 Ask ERIC、美国密歇根大学的互联网公共图书馆、美国马里兰大学图书馆的"参考服务的电子化访问"、日本九州佐贺5所国立大学图书馆的数字参考服务联盟机制、芬兰18所公共图书馆联合提供的"请问一个图书馆员"的服务等。

（二）国内数字化参考咨询服务的实践

我国数字化参考咨询服务工作起步较晚，目前尚处于起步阶段，各图书情报机构开展的数字化参考咨询服务大多是单项数字参考咨询服务，只有上海市中心图书馆网上联合知识导航站、广东省中山图书馆专家联合导航站等少数网站提供合作化数字参考咨询服务。

1. 上海市中心图书馆网上联合知识导航站

上海市中心图书馆网上联合知识导航站是在初步实现上海市文献资源共建

共享基础之上,由上海图书馆牵头并联合上海地区公共、科研、高校等图书馆及相关机构,为适应世界图书馆事业发展新趋势,面向现代化、面向世界、面向未来,率先在国内推出的一个旨在向各专业技术和研究人员提供高质量专业参考咨询和知识导航的新型服务项目。导航站于2001年5月28日开始运行服务。它以上海地区图书馆及相关机构的馆藏资源为基础,以互联网的丰富信息资源和各种信息搜寻技术为依托,以上海图书情报界的一批中青年资深参考馆员为网上知识导航员,通过开发和利用馆藏资源和网络信息资源,实现上海各类图书馆网上参考咨询服务的优势互补,充分发挥图书馆在知识经济社会中为各行业服务的知识导航作用。该导航站的最大特点是专家问询。现有来自上海图书馆、上海交通大学图书馆、复旦大学图书馆等单位的17位中青年参考馆员组成导航专家队伍。他们提供咨询的领域有社会科学、语言文字、宗教、生物医学、农业、计算机管理、工程技术、化学化工、教育与心理学等方面。

2. 广东省图书馆专家联合导航站

图书馆专家联合导航站的导航队伍由广东省中山图书馆、超星数字图书馆、中国社会科学院、广东省公共图书馆、解放军医学院图书馆等单位的研究馆员和网上知识渊博、热心参与的读者共同组成,以图书馆馆藏资源为基础,以互联网的丰富信息资源和各种信息搜索技术为依托,为公众提供网上参考咨询和文献远程传递服务。该中心的服务口号是"找不到书?请来找我!",服务的承诺是努力做到有问必答并在24小时内答复,服务的方式是远程文献传递和在线阅览。它可提供的数字化资源有图书资料50万种,中文期刊论文1000多万篇,读者可直接阅读和获取全文。链接原文的网站有超星、中国数图、e书时空、亦凡书库等数十个网站。该中心的导航系统技术先进,功能强大,主要功能有:联机实时提问和解答、回复问题时自动电子邮件服务、网上阅读和下载、自动建库和检索、解答窗的文本编辑功能(具有word的文本编辑、图像粘贴、超文本链接等功能)、数字图书馆基本功能的集成与无缝链接。

国内外虚拟参考咨询服务的实践表明,开展虚拟参考咨询服务是为了适应知识经济时代发展的需要,通过图书情报界的共同参与和开发,实现数字资源和智力资源的共享。但在数字参考咨询服务的实践中仍有许多问题制约着数字化参考咨询服务的发展,如知识产权问题、质量规范问题、参考馆员队伍建设问题等。

第二节　数字图书馆的推送服务

一、信息推送技术

推送技术(Push Technology),又称网播技术(Web Casting),是网络服务器实现主动向客户机传递信息的一种新型服务方式,其克服了以往网络信息采取拉技术(Pull Technology)的被动服务方式。拉技术的网络信息传输方式是Browser(浏览器)发送服务需求,在所属数据库中进行检索,查找到用户所需的信息后,再把信息传送给Browser所属的计算机。推送技术应用于浏览器,是服务器主动向客户机传送信息。推送技术实质上是指一系列软件,这种软件可以根据用户提交的用户兴趣文档(User Profile)自动搜集用户最可能感兴趣的信息,然后根据用户指定的时间间隔,将信息报送到用户的计算机上。

推送技术的核心思想是建立一个信息代理机制,把由客户端担负的责任转给服务器,由服务器将用户定制好的感兴趣的网上信息用推送或网播的方式直接传送到用户面前。推送客户机软件要求用户必须预先在代理服务器端注册进行信息的初步定制,并向服务器提交个人需求信息。用户在初次使用时,要设定自己所需的信息频道,定制信息将通过互联网自动传播给用户。服务器端主要由一个网络信息搜集器和基于内容的缓存系统来管理网上的动态信息,同时利用自动分类、信息过滤和推送技术为不同的用户整理和提交富有特色的各类信息。当一个服务器通过推送软件向客户端推送信息时,推送中介软件(链接推送服务器到客户端的软件)会通过网络的一致性、可靠性、安全性完整地传送信息。

二、信息推送技术的服务形式

信息推送技术的服务形式一般有以下四种：

(一)通知

推送技术的最基本形式是一个简单的通知(notification)，如电子邮件。针对这种服务，用户可控制通知的形式、时间间隔等。通知并不具备很强的交互性和强制性，对资源和信息流量的要求不高。

(二)提要

比简单的通知智能化程度更高的推送技术是提要。提要可实现查看网页或其他信息源，寻找需要匹配的信息，并向用户传递信息。用户要以关键词、日期、数值、比较规则以及其他查询条件提供要查找的信息。提要有很多后台进行的处理活动，不仅是给用户每天一次的报道，它的处理活动还要受查找条件的制约，这些后台处理过程与用户的联系是不可预测的。

(三)自动拉出

自动拉出有一组可供用户经常查看的网页。自动拉出将获得所有这些网页，并保存起来供用户以后阅读。自动拉出可以获得许多材料，用户可以通过电子邮件接收这些材料，或至少通过电子邮件知道这些网页是为个人编制的。

(四)自动推送

自动推送能够根据自身的刷新时间表发布信息。用户可以预订推送信息服务，但需要在网页上连续收听广播。在一般情况下，这种服务要求在用户终端上装有特殊的客户机软件，定期发出更新请求。如果用户不在网页上提出服务要求，将得不到任何服务。利用自动报送，用户得到的可能是全屏报道，或在屏幕底部显示大字标题。这种级别的报送技术有很多交互性,用户可以选择需要查看的信息流,也可以精选发送的信息,或者试探发送用户可能感兴趣的其他信息。

三、信息推送的实现方式

基于不同的技术,信息推送有不同的实现方式。

(一)邮件方式

通过电子邮件方式主动将有关信息推送给已在列表中注册的用户,这种方式只需要实现基于互联网的电子邮件发送系统。

(二)基于 CGI 的推送方式

这种方法是使用服务器扩展 CGI(公关网关接口)来扩充原有网络服务器的功能,实现信息报送。这种报送方法是一种最弱意义上的报送,通过这种方法可以获得个性化定制的信息。其实质上还是拉-取技术,只不过在用户看来,就像报送一样。其基本原理是:网站把 HTML 表单嵌入网页中提供给用户,用户在浏览页面时填写并提交进行订阅。由服务器上的 CGI 命令文件处理后,动态地生成所需的 HTML 页面,最后由网络服务器将特定信息传送给用户。

(三)客户代理方式

这种方法是通过代理服务器来收集用户感兴趣的信息,并与信息提供商建立联系,遍历相关站点,收集用户感兴趣的内容,然后报送给用户。基于客户代理的推送方式需要为其资源列表和资源的更新状态等信息建立相应的频道定义格式(CDF)文件,并置于网络服务器上。从用户的角度来看,服务是透明的,也易于实现。在这种实现方式中,主动服务由客户代理提供,因此可将其称为"智能拉取"。

(四)频道方式

频道方式提供包括服务器推送技术、客户部件及开发工具等一整套集成应用环境。它将某些站点定义为浏览器中的频道,用户不仅可以像选择电视频道那样去选择收看感兴趣的、通过网络播送的信息,还可以指定其播放时间。在这里,服务器推送提供主动服务,负责收集信息形成频道内容,然后推送给用户;客户部件则主要负责接收数据及提交指令,并对数据进行处理。通常服务器对信息进行分类组织,先将信息量较大的数据推送给用户,若用户需要详细了解某一方面的信息,则再次获取该项内容。因此,这种方式减少了传输的数据量,有效地提高了信息获取的效率。

四、推送技术的工作流程

通过对推送技术的概念和推送方式的分析,可以看出信息推送技术的工作流程如下:

第一,建立用户需求数据库。用户需求在这里完成注册,表述自己的信息需求,经过统计分析,便于做成一个有效的电子身份证,向用户提供主动及时的信息服务。

第二,建立信息库。信息库负责搜集信息,并对信息进行分类整理,确定标准,把个性化的信息标准设立出来,使大量信息遵循这个标准进入信息库。

第三,服务器的信息推送。服务器根据已建立的用户和信息的对应关系、用户接收各种信息的最佳时间和方式等,在适当的时间将适当的信息主动推送到用户的计算机上。

五、数字图书馆中的推送服务

在数字图书馆中利用推送技术可以改变其服务方式,推送技术可将实用的信息"推"给感兴趣的用户,使用户坐等信息到来。它可以实现数字图书馆信息的传播与发布,从"读者找信息"转变为"信息找读者"的服务方式。

采用"推"技术的数字图书馆不仅可以主动地为整个网络用户服务,还可以从技术上主动锁定一批特定用户群,为他们提供专题信息服务。这不但提高了信息服务的效能,还节省了用户在网上漫无边际查询信息的时间。对于一个数字图书馆的站点来说,只要建设一个专业信息服务频道,就能够面向自己的用户开展具有很强针对性的主动信息推送服务。

数字图书馆信息推送服务的一般工作原理为:

(1)用户初次登录数字图书馆站点,提出获取主动推送信息服务申请。

(2)数字图书馆的网络服务器给用户发送一个申请表单,具体项目包括用户名、密码、所需信息的主题、关键词、推送信息的地址、推送周期等。

(3)用户填好申请表后,提交给数字图书馆网络服务器,服务器将用户的特征信息、查询要求等传送给"推送服务代理"。

(4)"推送服务代理"根据用户的请求信息,在用户特征信息库和用户信息库中分别增加一条记录。

(5)"推送服务代理"根据用户要求,定期将用户的查询要求传送给"查询代理"。

(6)"查询代理"根据"推送服务器代理"传送的用户要求,定期检索相应的数据库,并将查询结果返回"推送服务代理"。

(7)"推送服务代理"按照用户的要求,定期将最新信息推送到用户指定的地址。

六、推送技术在图书馆中的应用实例

近年来,中国科学院上海文献情报中心围绕该中心图书馆集成系统及其数据资源开发了目次信息推送系统、新书信息推送系统、带有分类选择功能的新书信息推送系统。这些新开发的系统丰富了原图书馆集成系统的功能,改变了信息服务方式,提升了服务质量。

(一)目次信息推送系统

该系统根据用户的要求定期把现期目次通过电子邮件推送给用户。用户只需填写自己感兴趣的50个馆藏核心期刊的刊名和50个主题词,便能通过电子邮件收到该中心基于馆藏的现期目次服务。系统每两个星期便向订购用户推送一次目次信息。这种目次推送服务是基于馆藏的,不仅提供期刊信息,而且可以提供全文浏览。

(二)新书信息推送系统

该系统利用中心图书馆集成系统新书信息资源,通过电子邮件向读者自动提供新书目录推送。目前新书信息推送服务已有500多个用户,在新书上架的同时,向用户推送新书书目,使读者及时了解最新书目信息。

(三)带有分类选择功能的新书信息推送系统

该系统在原新书信息推送系统的基础上开发了带有分类选择功能的新书信息推送系统。系统可根据每个用户的要求对分类法的类目进行选择,以便在推送时,用户可以获得相应类目的书目信息。

第三节 数字图书馆的定题服务

一、定题服务

定题服务,即信息的选择性传播,是信息工作机构根据一定范围内的用户对某领域的信息需求,确定服务主题,然后围绕主题进行文献信息的搜集、筛选、整理,以定期或不定期的形式提供给用户的一种信息服务业务。

定题信息服务充分利用社会的信息资源和经过开发而存储于检索工具或系

统中的信息,通过检索、查找,集中所定主题的现状、成果和发展方面的文献、事实或数据,对其进行重新整理、加工后提供给用户。定题信息服务不仅可以大大缩短用户查找文献信息的时间,还有利于提高信息的利用效率。

二、数字图书馆定题服务的特点

数字图书馆的定题服务是用户通过网络形式给出所需信息主题,由图书情报人员通过多种途径,运用多种技术和方法提供给用户需求的信息服务过程。在这个服务过程中,图书情报人员是信息检索和完成的主体,用户只提供一定的内容和范围,这种服务是对工作人员的专业知识、网络知识、检索知识和分析、筛选、归纳、总结能力等综合素质的全面考查。

数字图书馆的 SDI(定题服务检索系统)在资源提供的丰富性与服务手段的方便、快捷、智能化等方面具有传统图书馆不可比拟的优越性。它主要采用电子邮件式报送、网页式报送、专用信息发送与接收软件报送等互联网信息推送技术向用户定期提供事先选定的专题信息。它主要有如下三个特点。

(一)信息流动由 Pull(拉)向 Push(推)转换

在数字图书馆环境下,SDI 由传统的被动服务模式转向主动服务模式,即由 Pull 向 Push 转变,实行信息主动推送服务模式。在传统的 Client/Server SDI 结构中,信息的传输是按照"拉"(Pull)的模式进行的,服务器所提供的服务是被动的。而在数字图书馆系统中,服务器把信息"推"(Push)给客户和系统。Push 技术在 SDI 中的应用使信息的搜索和发送过程更加个性化、智能化,一方面可以主动将重要的适时信息立即推送给用户,避免 Pull 方式中的信息滞后现象;另一方面大大减少了用户的重复操作,使得 SDI 中用户和情报人员之间的信息流动更加畅通。

(二)更好地为用户提供信息挖掘服务

在数字图书馆的 SDI 中,信息人员只有在对信息资源的充分发掘、加工改造、扩展开拓、功能放大、发明创造的基础上,才能为用户提供满意的信息。对任何一个特定用户的特定需求来说,数字图书馆中的任何一个信息库都可能是异构数据库,如何从中将最有针对性的信息找出来,还必须借助数据挖掘技术。利用数据挖掘技术来改革传统的SDI服务方式,可以说是数字图书馆SDI服务的一个重要技术标志。

(三)SDI的个性化得以充分体现

SDI是图书情报机构信息服务中最典型的专业个性化信息服务。传统的文献信息服务手段是利用卡片式、书本式的目录索引及文摘检索工具,通过手工检索为用户提供文献信息服务,其服务手段是一种单一、被动、落后的服务,受时间、空间和服务对象数量的限制,既不能实现真正意义上的个性化信息服务,也不能满足用户的信息需求。而在数字图书馆SDI中,这一切均得以改善。由于采用了数据挖掘、智能信息推拉、网页动态生成、智能代理等技术,一方面,使得用户能更快、更准地从信息服务人员提供的信息资源中拉取到自己所需要的最新信息;另一方面,信息服务人员可以根据用户信息需求,更及时、更有针对性地向用户推送实用信息,从而使SDI的个性化信息服务的特点得以充分体现。

三、数字图书馆定题服务的原则

以满足用户信息需求为工作重点的数字图书馆定题服务是在搜集信息的基础上,通过科学的方法和利用专门的知识,从研究的角度进行信息分析,为用户提供科技决策、科学管理的信息保证和科学决策的依据、建议和方案等的一种具有高附加价值的深层次知识服务。要做好数字图书馆的定题服务,就必须考虑到以下三个原则。

(一)主动性原则

必须了解国内外科技发展战略和研究开发动态趋势,从文献研究的角度了解国际科技的发展热点、态势和科研进展情况,主动搜集有关文献并积累相关知识,选择具有前瞻性、针对性并与国际接轨的服务课题,主动出击,寻找信息需求用户,努力将潜在用户转化为现实用户。

(二)用户原则

用户原则是指针对不同的用户对象,在充分了解用户信息需求的基础上,为其提供满意的服务。但在实际工作中,用户往往只在时间、空间和内容上提出一个笼统的信息要求,对深层次的信息需求缺乏充分的表达和设想。因此,只有在与用户进行反复交流的基础上,才有可能提供令用户满意的服务。在实际操作中,检索系统在与用户的交流中运用其智能化推理机制与知识库,不但要理解用户表达出的显性信息需求,而且要为用户提供有参考价值的检索方案,使用户获得更有价值的信息。

(三)信息搜集原则

1. 准确性

搜集准确的信息是提供定题服务的关键。当代科学技术的高度发展,一方面,导致科学研究越来越专业化;另一方面,学科之间相互渗透交叉,这种跨学科的发展趋势势必引起科研人员和管理人员知识结构的改变,使之对相关学科信息产生需求,进而扩大其所需信息的学科范围。在信息搜集过程中,既要从整体上把握学科发展脉络,又要密切注意其新兴的分支领域的发展趋势,做到信息搜集的准确性和超前性。

2. 及时性

定题服务的一个重要目的就是快速地为用户提供最新、最准确的信息服务,这就要求数字图书馆系统能够及时搜集各种形式的最新信息。

3. 全面性

在信息搜集过程中，不仅要搜集本馆所藏信息资源，还要检索各种网络数据库，或通过共享检索其他图书馆中的信息资源，因为丰富的资源是开展定题服务的基础。

四、数字图书馆中定题信息服务的实现

数字图书馆中定题信息服务的实现过程可表示为：用户给出信息需求→数字图书馆在线服务部→确定检索词→搜寻相关网页→确定并进入相关网页→下载相关信息资源存于本站点→形成用户所需信息资源→以一定的语言、格式将这些资源进行有序化整理，编辑成一个或多个方案→传给用户。

这个信息资源服务过程是对纷繁复杂的网上信息（也包括一部分尚未上网的网外信息）进行分析、筛选，找出其中的有用知识，再对这些知识进行智能重组的过程。

以上是数字图书馆为特定用户提供定题服务的一般过程，作为一个服务项目，还要注意以下四个问题：

1. 定题服务用户的选定

即使有现代网络环境的支持，馆员不可能也没必要为每个用户提供定题信息服务，而应根据其服务宗旨，有目的地选择有价值的用户群。为了正确制定检索策略，还需要了解用户的职业、研究领域、信息需求等情况。

2. 课题的选择

选题恰当是保证定题信息服务成功的关键，因此必须做深入细致的调查研究，掌握课题的价值，如高校图书馆可对全校的科研课题做一个深入细致的调查，了解哪些具有攻关性，哪些关系到领导决策，哪些是需要提供定题服务的。

第四章　数字图书馆的服务

3. 建立用户提问档,分析所获信息

利用网络通信技术,对所获信息尤其是用户的信息需求建立用户提问档,包括用户账号、姓名等个人资料、提问词及提问词构成的布尔逻辑表达式等,以便进行存储、分类和检索。对用户的相关信息,如要求提供服务的形式(如文摘、索引)、喜欢的网上站点、经常使用的数据库等进行搜集、分析,制定合理的检索策略。

4. 注意反馈信息的收集

定题服务不仅需要搜集相关资源,利用网络通信技术,及时提供符合用户需求的网上信息资源,使用提问档得到检索结果并传送给用户;同时还要通过网络收集用户反馈信息,主要包括用户提问档的更改意见以及其他建议等,并且利用存储过的提问档对更新后的信息资源进行检索、分析,再把检索结果传送给用户,实现信息跟踪服务,以不断满足用户需求。

第四节　数字图书馆的个性化服务

一、数字图书馆个性化信息服务的内涵

所谓个性化信息服务,就是根据用户的知识结构、信息需求、行为方式和心理倾向等有的放矢地为具体用户创造符合个性需求的信息服务环境,为其提供定向化的预定信息与服务,并帮助用户建立个人信息系统。

数字图书馆的个性化信息服务是以网络为依托,以用户为中心,围绕用户的兴趣、爱好、习性、专长等个性需求而开展的动态的特定信息服务活动。

个性化信息服务的根本就是要以用户为中心,尊重用户,研究用户的行为和习惯,为用户选择更切合的资源。它具有两个目的:一是用户根据自身的兴趣、爱好和需求定制自己所需要的信息和服务;二是信息提供者针对用户的个性和

特点主动为用户选择并传送最重要的信息和提供服务,根据需求变化动态地改变所提供的信息资源。

数字图书馆的个性化信息服务应包括三个方面的内涵:其一,个性化信息服务的基础是读者总能很容易地登录与自己需求相近的所有数字图书馆系列,即数字图书馆馆藏的个性化;其二,读者可以根据自己的习惯、兴趣、爱好和信息利用任务,制定个性化的界面,完整、准确、便捷地获取自己所需的信息资源和服务;其三,数字图书馆(包括其工作人员)针对读者的个性和特点,主动为读者选择并传送重要的资源和提供服务,根据读者的需求变化动态地更新信息服务。个性化信息服务的宗旨就是尊重读者的需求和选择,体现读者之间的区别,并据此提供不同的信息服务。

二、个性化信息服务的基本要素

个性化信息服务的基本要素包括个性化信息服务中的具体应用、用户建模、信息过滤和信息分流、系统的体系结构及用户模型的评价标准等。

(一)具体应用

个性化用户的具体应用从广义层面上来说,可以分为两类:对情报信息资源的个性化入口、过滤和排序。

▶▶ 1. 个性化入口

个性化入口就是对用户提供网络或信息系统的个性化,主要应用于个性化网站,如著名的搜索引擎 Yahoo(美国雅虎公司)的个性化定制 My Yahoo(类似一份智能化的电子报纸)。它允许用户用简单的词或主题词列表来指定自己的科研项目或感兴趣的主题。个性化入口在电子商务领域是十分普遍的。另外,流行的浏览器,如微软的 IE 和 Google(谷歌)等都允许以一种个性化的方式组织书签。

第四章 数字图书馆的服务

▶ 2.过滤和排序

过滤和排序是个性化信息服务活动中研究的重点,其内涵是指对信息文档根据用户概貌进行相关度量的排序,过滤掉相关度量少的文档信息。过滤和排序是一个提高返回信息与用户需求信息相匹配的精确度量的过程。

(二)用户建模

用户建模的目的是识别用户的信念、目标和计划,以提供个性化的服务。第一步,识别当前用户,即如何获取用户的个性化信息反馈,一般有两条渠道:隐性的用户信息反馈和显性的用户信息反馈。前者是由系统自动记录用户的访问路径、用户在某一页面的停留时间、文档的长度等信息形成日志文件,通过分析该日志文件总结用户的需求特征。后者需要用户的直接参与,由用户提供一些信息来评价当前的文档页面或给出一定的建议。一般而言,将两种方法结合应用会取得良好的效果。第二步,给系统加载当前用户的用户模型,如果不存在这样的模型,就按照缺省方式新建一个用户模型。第三步,在用户与系统交互的基础上更新模型,形成更有助于当前用户使用的个性化系统。

(三)信息过滤

每个用户都有自己特定的、长期起作用的信息需求。用这些信息需求组成过滤条件对资源流进行过滤,就可以把资源流中符合需求的内容提取出来,这种方法叫作信息过滤。信息过滤有以下三个层次:一是对一个资源流中的资源,用有限个分类标注符号进行标注,用户的信息需求就体现为有限个分类标注符号的一个子集。这样过滤的动作就是纯机械的动作,不需要任何智能就可以完成。二是允许用户以不限定范围的关键词语来描述信息需求,以用户选定的关键词语在资源流中进行匹配检索,不符合要求的内容被过滤掉。三是不需要用户做任何事情来描述自己的信息需求。用户的信息需求是系统根据用户访问资源的历史记录自动分析出来的。

（四）信息分流

如果用户的规模和信息资源的规模都非常大，那么分别对每个用户实施信息过滤势必会降低效率。原因很简单：不同用户在需求上有交叉和重叠，对各个用户需求的判断也应有过程上的交叉。如果把不同的信息需求组成一个方便共享的结构，在实施信息过滤时予以统一的优化调度，就会达到比分别过滤高得多的效率，这种方法叫作信息分流。信息分流在数据结构和算法上都需要精巧的处理。对特定的用户群来说，最理想的结果是平均分流时间最短。

（五）体系结构

体系结构研究的重要问题就是用户建模放在什么位置，是系统的服务器上，还是客户的计算机上，或是处于两者之间的代理服务器上。这与上述的信息分流有关，如果要进行信息分流，一般要将用户模型放在服务器上，否则进行信息分流就比较困难。

（六）用户模型的评价标准

1. 粒度

粒度分为两种：一是每一个用户一个模型；二是一些用户共用一个模型，即类用户模型。

2. 修改能力

用户模型可以是静态的或动态的，一个静态模型在与用户的交互过程中不发生改变，而动态模型一旦学习到新的信息就会及时修改。静态模型可以被预先嵌入一个系统中，或者在系统的初始会话阶段由用户建立。动态模型在整个交互过程中即时获取或修改。

3.时效性

用户模型可以是短期的或长期的。短期模型建立在当前交互过程中,当前交互过程结束后,可以被放弃。长期模型可以从一个交互过程中保持到另一个交互过程中。

4.模型的数量

用户模型包括单模型系统和多模型系统。单模型系统是指一个用户只有一个模型。多模型系统是指一个用户可以有多个模型。

三、数字图书馆的个性化信息服务

数字图书馆的个性化信息服务可以从如下三个方面体现:

(一)个性化的界面设置

个性化的界面设置主要包括个性化网页外观定制、栏目布局和内容模块的选择等。网页外观定制主要是定制网页和主题的颜色、网页字体、问候语和网页刷新频率等;栏目布局是确定所选栏目在个性化网页上的布局方式和排列顺序,如在"My Yahoo!"中,可选择按两列或三列方式布局,可设定栏目的上下左右位置和顺序;内容模块的选择主要是对各项信息和服务模块的具体内容进行定制。

(二)个性化信息环境

传统图书馆对不同层次、专业、地域的用户只能提供统一的、适合所有用户的资源和服务,而数字图书馆的个性化信息服务机制就是要求数字图书馆根据用户的特性和需求为之"量身定做"或由用户定制所需的资源和服务,为特定用户和特定任务提供有针对性的资源和服务。

要真正实现个性化信息服务,数字图书馆就必须站在信息提供者的角度,为用户主动创建一种个性化的信息环境。所谓个性化信息环境,是指在数字图书馆环境下,读者可借助数字图书馆提供的一套工具和机制来构建自己的个人馆藏,从而满足特定读者和特定任务的需求,同时提高检索效率。

在数字图书馆个性化信息环境下,读者向某个数字图书馆申请一个账号,读者登录到个性化界面后,可以提交自己的多个检索策略,形成自己的描述文件,数字图书馆会通过一套软件或工具将资源库中满足需求的信息资源创建成特定用户的个人馆藏,并定期检索、更新信息资源,将检索到的信息自动分配到发出请求的个性化信息环境中。

(三)个性化的信息快报

个性化的信息快报就是数字图书馆按用户提供的检索条件将资源库中的最新信息及时通知用户的一种服务。

数字图书馆的个性化信息快报服务能为用户自定义检索提供方便。因为在检索过程中,不同的用户有检索习惯和检索技能的差别,他们可能用不同的词汇来表达同一专业概念,对检索结果的选取原则和排序方法也可能不同,这些都是用户个性化的具体表现。因此,个性化的信息快报服务在接收用户档案文件时,应充分支持用户在检索策略、检索方法和检索结果处理方面的个性化。

四、数字图书馆个性化信息服务的实现方式

(一)数字图书馆个性化信息服务的技术基础

由于数字图书馆信息服务的特点和个性化信息服务的特殊性,我们在开展数字图书馆的个性化信息服务过程中必须具备相应的技术基础,建立相应的技术支持系统。在构筑个性化信息服务技术基础的过程中,必须正确处理好以下三个问题:

1. 信息分类问题

分类问题涉及两个方面：一是系统内部对信息的分类。数据库中存储的大量信息必然需要一种分类，以便于信息的管理和查询。这里可以采取一些目前网上比较流行的分类方式。例如，Yahoo、Excite 等，它们所采取的分类方式比较类似于图书管理中的分类方法，涉及面比较广，通用性比较强。二是用户的个性化分类。每个用户对信息所属类型的理解不同，导致他们需要的信息分类方式也不尽相同。因此，数字图书馆信息服务系统提供给用户的应该是一种可以由用户自己决定的分类。

2. 信息搜索问题

关于信息搜索问题，目前主要有两种方法：一种比较简单的方法是按照现有的搜索引擎中常用的也是比较传统的方法，即根据原始资料提供者向搜索引擎等大的信息服务商提交的索引信息来获取该信息的链接。这种方法比较适用于大型的信息服务商。但是它所提供的查询方式有限，对需求的满足精度不高，对智能化查询的满足程度相对较低。另一种方法是使用智能代理技术搜索所需信息。然而，目前的主要浏览器和信息检索工具还没有智能搜索功能。

3. 安全与隐私保护问题

安全包括用户使用安全和系统管理安全。前者主要包括用户授权和身份认证管理，以保证只有合法的用户才能进入系统，而且用户的账号不被泄露和盗用。后者包括数据库安全管理、数据加密等，以确保用户个人信息安全。隐私保护需要制定完善的隐私保护政策，提供设定用户隐私公开程度的工具和运用保证隐私不外泄的保护技术。

(二)数字图书馆个性化信息服务的模式

目前所提供的个性化信息服务主要是通过个人定制或系统预测的方法来实

现的。个人定制是指用户可以按照自己的目的和需求在特定的系统功能和服务形式中设定信息的来源方式、表现形式,选取特定的系统服务功能。系统预测是通过对用户提交的访问习惯、栏目偏好等信息进行分析,自动组合出对用户有用的最新资料,并发送给用户。

1. 电子邮件服务模式

通过电子邮件开展个性化信息服务有许多独特的优势:一是操作简单,通过电子邮件获取信息,不用掌握复杂的计算机知识和检索技巧。二是可以实现定时发送,可以按照用户指定的时间和优先级别来发送邮件。三是可以实现电子邮件的群发功能,同时向全部用户或部分用户发送指定的邮件。四是电子邮件下载完毕后,就可以脱机浏览,从而节省大量通信时间和费用。

2. 即时呼叫服务模式

即时呼叫服务模式是一种专门供点对点信息传递的个性化服务系统。这是一种集电话、传真机、计算机等通信办公设备于一体的交互式业务系统。用户可以通过电话接入、传真接入、拨号接入和访问站点等多种方式进入系统,在系统提供的帮助下访问系统的数据库,以获取各种信息或完成相应的事务处理。

3. 页面定制服务模式

在网络世界里,信息的基本单位是页,通过页面设置链接,点击链接,即可索取感兴趣的页面。页面服务模式又可以分为静态页面服务模式和动态页面服务模式。静态页面是网络信息的基本组织形式,系统将信息用 HTML 语言进行组织,以一个或多个固定的页面提供信息。动态页面则是用户通过选择一定的条件提交给网络服务器,网络服务器依据提交的条件,从数据库中选择符合要求的页面提供给用户。随着信息技术和数据库技术的日趋成熟,人们越来越趋向选用动态页面,因为它能提供更高的智能交互,减少服务费用和时间。

4. 信息推送服务模式

该模式目前主要分为两大类：一类是借助电子信箱，并依赖人工参与的信息推送服务模式；另一类是由智能软件完成的自动化信息推送服务模式。应用信息推送技术建立网络传播站，通过智能化的代理服务器从海量信息中不断分拣出用户所需要的信息。

第五节　数字图书馆用户培训

一、数字图书馆用户培训的原则

(一)针对性原则

用户是一定社会条件下形成的用户，在不同的社会环境影响下，用户会形成不同程度的信息意识和利用信息的能力。这些影响因素包括国别、地区、城乡、行业、种族、家庭条件等多方面。用户培训的目的不是改变用户的基本社会条件，而是尊重历史和现实，顺应客观环境，从用户实际接受能力出发，针对用户具体情况予以相应的教育和引导。

(二)循序渐进原则

用户培训的目标是使用户能够主动、熟练地利用文献与情报，这是一个伴随知识和信息需求的不断增长逐步深化的渐进过程。只有具有前期奠定的深刻感性认识基础，才能有中期的知识与技能提高，也才能有后期的运用自如。对用户培训来说，循序渐进意味着要对不同用户，按其年龄、知识水平、需求程度等分阶段地培训，要有针对性，使其从感性认识上升到理性认识。

(三)适用性原则

对用户进行培训的实质是把能满足对知识需求的方法或技能交给用户自己去做,使用户感到自我满足,即由被动满足变成主动满足。这种满足必须以一定的需求为前提和动力,驱使自己做出这方面的行为,从而实现愿望,然后再产生进一步的需求,再接受培训,再实现自我满足。在这里,一定的情报需求是关键,对用户的培训只有在适应一定的信息需求后,才能取得较好的效果。

(四)效益性原则

数字图书馆用户培训要讲究效益,而且要以社会效益为主,经济效益为辅;要以短期效益为主,长期效益为辅,让用户在不断满足自己信息需求的过程中,培养自己的信息素质。

(五)超前性原则

数字图书馆用户培训对用户来讲是先学而后用的问题,对培训工作来讲是帮助用户解决日后在信息检索中遇到的问题。因此,在不失效益原则的前提下,在培训内容的选择上,不要仅仅停留在经验性和事实性的传授上,还要适度选取预见性的内容;在培训对象的选择上,不要仅仅是培训现实用户,还要注重潜在用户的培训,使更多的潜在用户转变为现实用户。

二、数字图书馆用户培训的方法

(一)当面辅导培训法

这种方法是指数字图书馆工作人员在接受用户提出的询问时,应结合当时情况,当面给用户讲解有关的知识和使用方法、技巧,举一反三,让用户得到服务和信息的同时,也掌握了一定的使用方法。这种结合实际的用户培训方法简单易行,行之有效。既不需要专门的培训组织,又不需要很多培训人员和设施;它既可以个别辅导,又可以集体辅导;既是对当前情况的辅导,解决当前问题,又是对将来的指导,让用户避免将来遇到同样的问题。当然,这种方法对数字图书馆工作人员的责任心、业务素质、职业道德等方面提出很高的要求。

(二)书面辅导培训法

这种方法是指有关部门把事先准备好的书面材料分发给用户,用户通过自学得以对数字图书馆全面了解。这种方法对有一定自学能力和信息活动体验的现实用户是有效的。

(三)办班集中培训法

这种方法是根据用户的不同类型,分别举办专门的短期学习班、讲习班、研讨班、训练班、强化班等各种形式的培训班,让用户在短时间内掌握数字图书馆的使用方法,并通过利用数字图书馆提高自己的业务能力。这是用户培训活动中常常使用的方法。这种方法的主要优点是能够在短期内有效地培训更多的用户。

(四)用户交流培训法

与前几种方法不同,这种方法的培训者和培训对象都是用户,通过用户间的交流,相互学习、相互帮助,达到对数字图书馆的全面认识,如组织用户经验交流会、报告会、用户协会、用户联谊会、有奖竞赛等,都可以成为用户交流培训的具体形式。这种方法的优点是培训形式灵活多样,往往会收到意想不到的效果。

(五)媒介培训法

这种方法是通过运用某种媒介向用户进行宣传教育,如电视讲座、广播讲座以及融教育性与艺术性于一体的公益广告等。媒介培训法因其受众面广,对某方面知识的普及提高有很强的功效。

(六)参观培训法

参观培训法是指有关机构根据用户培训的教学要求组织用户到数字图书馆的现场观察其内部结构和运行机制，以获取相关知识的一种方法。该方法的优点在于：首先，能提高知识信息的传递速度。多项研究表明，看与听相比，通常可多记住一倍以上的内容。在视觉信息传递中，看实物比看图像要快3～4倍。通过实地参观，用户能获得正确、鲜明、切实的感性知识。其次，用户可以了解到最新的进展情况。现场参观比使用教材更能够紧跟发展动态，从而避免教材的滞后性。

(七)网上实时帮助

用户在使用数字图书馆查阅资料时，数字图书馆根据用户的信息需求内容，实时帮助用户分析出最佳检索词，构建最佳检索表达式，久而久之，也培养了用户独立检索的能力。这种方法易于被用户接受，在帮助用户解决实际问题的同时，也对用户进行了培训。

第五章　数字信息资源服务与资源配置利用

第一节　数字信息资源组织

一、信息组织

(一)信息组织的界定与变迁

信息组织是采用各种方法和手段使信息有序化的过程。通过揭示信息间内在的逻辑关系,对信息进行加工、整理、提炼,使之系统化、浓缩化,达到便于信息揭示、传递和交流的目的。早期传统的信息组织主要是指对文献信息的组织,通常采用手工编制目录、索引、文摘、综述等方式侧重对信息的外部特征进行揭示,通过制作目录卡或编制索引的形式进行信息组织和利用。在采用计算机技术后,所处理的信息对象仍主要是文献信息,通过人工著录、分类、标引等方式侧重对信息内容特征进行揭示,通过计算机建立若干倒排档的方式提供检索和利用。在网络化、数字化环境下,信息资源的形式和类型发生了巨大变化,信息的生产与来源、信息的形态与类型、信息的加工与控制的过程和方法都发生了改变,这些变化对信息组织提出了新的挑战。信息组织的发展呈现出三个方面的趋势:①信息组织对新技术的依赖性越来越强,搜索引擎、数据挖掘等新技术成为信息组织发展的重要支撑。②元数据在信息组织中的应用日益广泛和深入。元数据描述体系呈现多元化格局,元数据交换和互操作规范备受关注,从初期的元数据规范层的互操作向语义互操作和语法一体化方向发展。③信息组织的方法正在发生变革,正在出现适应数字环境的新型知识信息组织工具,如概念地图、语义网以及以本体思想为核心的语义 Web 技术和语义网格等。对这些新的思想、理论、技术和方法的认知和研究,成为信息资源组织领域的重要研究内容。

(二)数字资源组织的方法与作用

由于数字资源具有海量、分布、非结构化等特点,并具有与生俱来的可重组性、可链接性、可交互性。而传统的信息组织方法已不能满足数字资源组织的要求,所以如何对数字资源进行有效组织成为新信息环境下面临的关键问题。

数字资源组织是信息组织理论研究中的一项新课题,是采用现代标准、技术和方法对数字资源的外在特征和内容特征进行识别、分析、析取,并使其成为有序化集合,进而构建成动态、有序和系统的数字资源服务体系的活动过程,其目的是使用户更便捷地获取数字信息。

近年来,数字资源组织正在承上启下、继往开来地发展和演进。在继承传统信息组织的原理、方法和工具的基础上,结合新技术和数字对象的特征,借鉴图书馆领域之外不断涌现的数字资源组织方法,重视新环境下用户需求变化的影响,正在逐步形成数字资源组织的理论和方法,并在实践中不断普及和应用。数字资源组织的基本功能体现在:①数字资源的全方位揭示;②数字资源的高效准确发现;③检索结果的重组和增值;④数字对象的链接和获取;⑤数字资源的整合。

实践中的数字资源组织方法和应用包括以下四个方面:

1. 分类和主题导航

导航是最常用的数字资源组织方式,借鉴了传统的分类法和主题法对数字资源内容进行标引。多途径的导航方式让用户在巨量的信息集合中按需选择,快速定位到最精确的目标子集合。从信息组织角度看,多途径的导航方式的实质是根据信息集合或资源的属性进行分面分类的过程。

2. 词表聚类与检索

依托受控或非受控词表的聚类关系对用户检索词进行提示,辅助用户检索;

也可以为用户提供分类、同义、相近、相关、共现等后控检索功能。

▶ 3. 可视化检索

可视化检索方式是一种新型的资源组织方式,主要基于微观层次的数字对象的组织体系和方法,以图形方式显示检索过程和检索结果之间的关系。依托规范的叙词表或者其他类型的数据结构表(作者、关键词索引)与可视化技术结合,可以直观地用颜色呈现检索词在命中数字对象中出现的频率高低,也可以呈现词间关系、人间关系、知识点间关系等,通过建立综合的结构表可以实现这些关系之间的可视化的地图检索。近年来,基于自由分类的标签构建和标签云图检索日益盛行。

▶ 4. 智能化结果处理

海量数字资源需要对大规模的检索结果进行后处理,让用户快速定位准确的检索结果,减轻检索负担。结果聚类和排序显示是目前两种常用且有效的结果处理方式:一方面可以满足用户从多角度、多层次获取检索结果的需求;另一方面,用户可以动态配置和调整检索策略,提高了查准率和易用性。

二、对象数据加工与处理

"数字资源"的概念有广义和狭义之分,广义的数字资源是指一切以数字化方式存在的信息资源,狭义的数字资源可以是某个数字对象。数字对象是数字资源存储信息的基本逻辑单元和实体,是以一定结构的数字形象来表达信息内容的一种方法。通常分为原生的数字对象和传统媒体(印刷书刊等)经过数字化处理生成的数字对象。数字对象的组成包括:①元数据;②对象数据(全文、图像、音视频、数据集等承载内容的数字形态);③标识符(支持数字化资源检索和查询)。其中对象数据的加工、管理与发布是生成数字资源的一个重要环节,所需要的技术、人力、物力的投入也比较大。人们通常将对象数据的加工过程称为数字化,是通过编码技术和模拟数字转换技术将文本、图像、声音、视频等多种表现形式的信息转换为计算机可以处理的二进制数字(0,1)的过程。本节参照"我国数字图书馆标准规范"的《数字资源加工标准规范》《数字资源加工操作指南》以及 CALIS 专题特色库标准规范,从实际应用的角度出发,介绍对象数据的类型、数字化常用设备、加工流程和加工标准。

(一)对象数据的类型

1. 文本数字资源

文本指由文字符号组成的表达形式。文本数据有很多来源,有些是为在线使用而创建的,有些是从印刷品或其他媒体转化而来的,还有的来自电影或电视伴音的数字化。另外,文本数据也可以作为描述其他资料的元数据发挥特殊作用。

文本数据的特点:文本文件可以说是计算机中最常见也是最原始的文件格式,是一种通用的跨平台(PC、MAC、Unix 等)、跨系统的通用文件存储格式和交流形式,几乎所有操作平台和系统都能够正确识别。文本数据可以是使用抽象的文字或符号表示信息内容,也可以是对原来的文本文档进行扫描,产生数字化图像后再识别出文本数据。各种书籍、档案主要以文本数据形式存在。与图像、视频等数据类型相比,文本数据是数字图书馆最主要的资源。

文本数据的常用格式:利用电子计算机及各种辅助设备,可以完成从文稿、图表的录入、编辑、修改、组版,直至得到各种不同用途、不同质量的输出结果。电子书刊、网络交换及传输、文档编辑的数据格式有很多种,当前比较常见的几种文件格式包括 TXT 文件格式、RTF 文件格式、DOC 文件格式、WPS 文件格式、PDF 文件格式、HTML 文件格式、XML 文件格式、SGML 文件格式等。

2. 图像数字资源

凡是能为人类视觉系统所感知的信息形式或人们心目中的有形想象均称为图像。图像数字资源是运用图像扫描处理、识别以及对数字化初始信息的各种再加工技术,将大量已存在的、以不同形式和载体存储的信息资料,如文件、图片等,转化成能够为计算机处理的数字化信息。

图像数据的特点:图像是由输入设备捕捉的实际场景或以数字化形式存储的任意画面,是现实生活中的各种形象和画面的抽象浓缩和真实再现。图像可以生动地表现原文献、器物的颜色、形状和内容,展现物体的整体特性。数字化的图像目前主要通过数码相机、图像扫描仪等设备从外界获取,当然,利用制图软件(如 Windows 画图、Auto CAD 等)直接绘制也可以得到数字图像。获取图像的常见方法主要有扫描仪、数码相机、计算机绘图、网络和光盘。

图像数据的常用格式:图像文件在编码过程中,图像数据和识别信息是其基本组成部分,而压缩方法则作为一个选项出现,用户可以根据实际需要进行取舍。目前的图像文件之所以有各种不同类型的格式,主要是因为文件编码过程中采用了不同的识别信息和压缩方法。常见的数据格式有 BMP、GIF、JPEG、PNG、TIFF、Photo CD、TGA、JBIG、JPEG2000、PSD 等。

▶▶▶ 3. 数码摄像机

数码摄像机记录视频的方式不是模拟信号,而是压缩数字信号,是视频数字化过程的主要设备。数码摄像机最大的优点是清晰度高、体积小,便于携带,既可拍摄动态的影像,也能像数码照相机一样拍摄静态的图像。拍摄影像通过配套的截取软件和电缆连接到电脑后,进行图像的下载、制作、发送和打印。数码摄像机主要技术指标包括以下几方面:

摄像机灵敏度:指的是在标准摄像状态下摄像机光圈的数值。标准摄像状态指的是灵敏度开关设置在 ODB 位置,反射率为 89.9% 的白纸,在 2000 勒克斯的照度、标准白光(碘钨灯)的照明条件下,图像信号达到标准输出幅度时,光圈的数值。通常摄像机的灵敏度可达到 F8.0,新型优良的摄像机灵敏度可达到 F11,相当于高灵敏度 ISO-400 胶卷的灵敏度水平。

数码相机技术经过快速的发展和演进,拍出照片的质量已经可以和传统相机相抗衡,甚至还超过一般相机的清晰度。现在数码相机已成为我们收集电子图片的重要工具。对于电子图片的收藏来说，数码相机的图像质量是最关键的因素。数码相机的主要技术指标包括以下几个方面：

数码相机的成像器件CCD（Charge Coupled Device），中文名叫电荷耦合器件图像传感器：CCD本身由许多感光单元组成，基本单位以百万像素来计算。CCD的大小直接决定相机本身的体积，一般的超便携型数码相机所采用CCD的尺寸都要比专业级数码相机上所使用CCD的尺寸要小很多，所以在最终成像上会有比较大的差距。

镜头：镜头是数码相机除了CCD以外的第二大重要元件。镜头的内部一般由很多组镜片组成，材料分为玻璃与树脂两种。从成像效果来看，以玻璃为材料的镜头要好一些，但是制造的成本较高，而且镜头本身的质量没有保证。不过随着工艺的不断改进，树脂镜片所组成的镜头在成像质量上已经与玻璃镜片的镜头相差无几。

ISO的感光度：从数码相机成像元件的角度出发，ISO是CCD对光线反应的敏感程度的测量值。在数码相机上，通过调节ISO大小，可以改变图片亮度的数值与图片的对比度。实际上在数码相机当中，感光度也是一个控制图片明暗的数值。数码相机上的ISO值最低为ISO50，最高为ISO1600。ISO过高会在图像上造成非常多的噪点，损失很多的图像细节。

4. 视频数字资源

在连续的图像变化每秒超过24帧（Frame）画面以上时，视觉上就会产生平滑和连续的动态画面效果，这样连续的画面称为视频。视频资源是运用数字化技术，把连续模拟信号的视频转变成离散的数字信号，或直接用数字视频捕捉设备记录的外界信息。随着多媒体技术的迅速发展和日益普及，数字视频资源占信息资源的比重越来越大，并得到更多的关注和应用。与文本、图像、音频信息相比较，视频信息直观性强，所含信息量大。

视频数据特征：视频数字资源以视频视盘（CD和DVD等）和网络为主要传播方式，以计算机及其相关外设为主要播放手段。它的主要信息来源是电影、电视、录像和动画等动态图像信息。它的主要服务方式和功能包括视频点播、新闻点播、远程教学和数字图书馆等。

模拟视频信号的数字化需要三个步骤:抽样、量化和编码。数字化以后的视频信号已没有模拟视频的特征,成为统一的二进制比特流的形式。随着数字化的发展,已出现了能直接输出数字化视频信号的数字摄像机。它们输出的数字视频信号有的是符合 ITU-R 标准的数字视频信号,有的是经压缩的视频信号,可以直接进入计算机或其他数字设备,这样就实现了视频资源从最初的采集到加工、传播的全数字化。

视频数据的常用格式:数字视频的文件格式主要为计算机及其相关外设所应用。数字视频文件可以分成两大类:一类是影像文件,如 VCD;另一类是流式视频文件,这是随着互联网的发展而诞生的后起视频之秀。目前流行的文件格式有 AVI、MOV、MPEG/MPG/DAT、VOB、RM、ASF 等。

(二)数字化常用设备

▶▶▶ 1. 扫描仪

扫描仪是将各种形式的图像、文字信息输入计算机的输入设备。从直接的图片、照片、胶片到各类图纸以及各类文稿资料,都可以用扫描仪输入计算机中。扫描仪是图像信号输入设备。它首先对原件进行光学扫描,其次将光学图像传送到光电转换器中变为模拟电信号,然后将模拟电信号变换成数字电信号,最后通过计算机接口送至计算机中。按扫描原理可将扫描仪分为以 CCD 为核心的平板扫描仪、手持式扫描仪和以光电倍增管为核心的滚筒式扫描仪。按扫描图稿介质可分为反射式扫描仪和投射式扫描仪,以及既可扫反射稿又可扫透射稿的多用途扫描仪。扫描仪的主要技术指标包括以下几方面:

扫描仪的感光器件:现在的感光器件分为 CCD 和 CIS 两种。CIS(Contact Image Sensor)扫描头价格便宜,更换方便,曾广泛用于传真机和手持式扫描仪,其极限分辨率为 600DPI 左右,但扫描的层次不足。而 CCD (Charge Coupled

Device)扫描速度快,有一定景深,能扫描凹凸不平的实物。但CCD采用的是反射镜和透镜,容易产生色彩偏差和光学像差,一般需要通过软件进行校正。目前,CCD占据着扫描仪市场的主流。

扫描仪的分辨率:扫描仪的分辨率是光学分辨率,是指一英寸上分为多少个点,如300DPI就是说在一英寸上扫描300个光学点数。扫描仪还有一个最高分辨率,主要是指在光学分辨率上的软件插值,也就是说是通过软件运算得到的。

扫描仪的色彩深度,以bit为单位。常见的扫描仪色彩位数为24位、30位、36位、48位等。使用色彩位数越高,所表现的色彩种类就越丰富自然。此外,扫描仪的动态范围(Dynamic Range)也值得留意。动态范围也称为密度值,表示扫描仪所允许的色调值范围,即从接近白色到接近黑色的范围。具有较大动态范围的扫描仪可正确捕捉各种色调层次,并直接输出,从而得到更多的图像细节。一般来说,扫描仪的动态范围从0.0D到4.0D,大于2.0D的扫描仪扫描效果较好,大于3.0D的扫描仪扫描效果将十分出色。不过需要注意的是,只有在动态范围大于3.0D时,扫描仪才会特别标出。

扫描仪接口:扫描仪按接口主要类型分为EPP、USB、SCSL三种。在选购时,除了要注意扫描仪的硬件外,随机的软件也不能忽视。如果没有OCR、图形编辑、网络支持等软件,扫描仪的功用将大打折扣。随机软件,如驱动软件的改进能有效提高扫描仪的扫描速度。

2. 音频数字资源

音频指的是在20Hz～20kHz之间的频率范围,属于听觉类媒体。音频常被作为"音频信号"或"声音"的同义语。音频数字资源是相对于模拟声音而言的,两者在记录和存储方面有本质的区别。音频数字资源是由数字化的声音信息构成的,包括经过数字化处理的音乐、语音、自然声响等各类具有保存和使用价值的声音资源。

音频数据的特征:根据声音的频带,通常把声音的质量分为5个等级:电话、调幅广播(AM)、调频广播(FM)、光盘(CD)、数字录音带(DAT)。它们使用的采样频率、样本精度、通道数和比特率均不同。

音频数字资源以音频激光唱片、光盘和网络为主要传播方式,以计算机及其相关外设为主要播放手段。它的主要信息来源是磁带、广播、电影、电视等音频信息。它的主要服务方式和功能包括网络音乐、新闻广播、远程教学和数字图书馆等。音频数字化就是把模拟音频转成数字音频,在电脑音乐里就称作采样,其过程所用到的主要硬件设备是模拟/数字转换器(Analog to Digital Convener,ADC)。采样的过程实际上是将通常的模拟音频信号的电信号转换成人们称作"比特(Bit)"的二进制码0和1,这些0和1便构成了数字音频文件。把电平信号转化成二进制数据保存产生了数字音频,播放的时候需要把这些二进制数据转换为模拟的电平信号再送到喇叭播出,数字音频和一般磁带、广播、电视中的声音就存储播放方式而言有着本质区别。相比而言,数字音频具有存储方便、存储成本低廉、存储和传输的过程中没有声音的失真、编辑和处理非常方便等特点。

音频数据的常用格式:数字音频的文件格式用来提供各种数字化播放平台之间的应用和交换。其中除了音频数据外,有些还包括控制数据(作为一个编辑定义条目),如计时码、均滑变换信息和数据均衡等。很多文件格式在文件头部描述了文件的取样速率、比特率、信道的数量和压缩的类型等信息,许多软件程序可以根据这些信息读取源文件或代码文件。目前流行的文件格式有 WAV、MID、RMI、MP3、MOV、RA 和 RAM、ASF、MOD 等。

水平分解力:分解力又称为清晰度,其含义是在水平宽度为图像屏幕高度的范围内,可以分辨多少根垂直黑白线条的数目。例如,水平分解力为850线,其含义就是在水平方向,在图像的中心区域,可以分辨的最高能力是相邻距离为屏幕高度的1/850的垂直黑白线条。

信噪比:表示在图像信号中包含噪声成分的指标。在显示的图像中,表现为小规则的闪烁细点。噪声颗粒越小越好。信噪比的数值以分贝(dB)表示。目前,摄像机的加权信噪比可以做到65DB,用肉眼观察已经不会感觉到噪声颗粒存在的影响了。

CCD 的类型和规格：CCD 是大规模集成电路制造的光电转换器件。根据制作工艺和电荷转移方式的不同，可以分为 FIT 型—帧行间转移、IT 型—行间转移和 FT 型—帧间转移三种类型，常用的是前两种类型。根据 CCD 器件对角线的长度，可以有 1/3 英寸、1/2 英寸和 2/3 英寸等不同规格。CCD 尺寸越大，包含的像素越多，清晰度就越高，性能也就越好。根据摄像机内使用 CCD 的数目，可分为单片 CCD 和三片 CCD 两种，高档摄像机使用四片 CCD。

▶▶▶ 3. 声卡

声卡又称音频卡，用来处理音频信号，是计算机具有声音功能的主要接口部件。声卡的主要技术指标包括以下方面：

采样频率和量化位：衡量声卡录制和重放声音质量的主要参数。一般声卡采用 44.1kHz、22.05kHz、11.25kHz 三种采样频率。采样频率越高，采样点之间间隔越小，数字化声音失真越小，但音频数据量也就越大。量化位大小决定声音的动态范围。量化位经常采用 8 位、12 位、16 位及 32 位。

S/N（信噪比）与 THD（总谐波失真）：信噪比是音频或视频信号的幅度与噪声强度的比值。信噪比的单位是 dB（分贝），数值越大越好。总谐波 THD 用 ％ 表示，失真越小越好。

数字信号处理器（DSP）：数字信号处理器芯片可以减轻 CPU 的负担。使用数字信号处理器可以通过编程来完成一些特定的任务，如高质量声音、图像和视频信号的处理等。声频板上的数字信号处理器芯片用来处理音频信号，它可以加快处理的速度，并可用于音乐合成以及加强一些特殊的数字声音效果。

▶▶▶ 5. 视频卡

视频卡是多媒体计算机获得影像处理功能的适配卡。它接受来自摄像机、录像机、激光视盘机、电视机等多种外设的视频信号及声音信号，对信号进行诸如捕捉、数字化、存储、输出等处理。视频卡按功能可细分为图像卡、播放卡（解压缩卡)、捕捉卡和电视卡等。视频采集卡的性能非常重要,一般有专业、中级和非专业等几个级别,采集质量相差较大。视频卡性能跨度较大,选购时主要注意以下性能。

接口方式:接口方式是指视频编辑卡与计算机的连接方式。其主要有四种:并行口、USB、PCI、IEEE1394。

视频特性:①输入/输出方式。复合(CVBS)、S-Video(YIC)、分量、JEEE1394四种方式。②画面格式。主要看是否符合ITU-601标准。③兼容的视频设备。常用的视频设备格式有DV、Digital8、DVCPro、S-VHS、Hi8、VHS、Video8。④实时编辑和三维DVE。由于视频信号文件存储量较大,所以仅靠计算机进行处理很难达到实时要求。一般只有中高档视频编辑卡具有实时功能。

音频特性:①与视频同步。是否符合SMPTE-272M和AES11-1991标准。②模拟音频。是否支持IO非平衡立体声和音频多声道。③采样方法。考虑音频采样频率、采样数据位数和各取样数值。除了以上几个方面外,还应考虑系统软件支持平台、存储器挂接方法、非线性编辑系统及软件的兼容性和易用性,以及其他各方面。

(三)数字化加工流程

不同的对象数据的加工流程各不相同,大致可以分为如下五个步骤:

1. 数字资源创建

数字资源创建包括通过扫描仪或数码相机获取黑白或彩色图像,以及通过视频或音频压缩卡获取数字视频或音频文件。

2. 数字资源二次加工

数字资源二次加工包括图像的切割、改变大小或格式、生成缩略图或检索专用图、加水印、通过OCR提取文本等,以及对视频文件的分段,提取语音或字幕的文本,进行场景变换侦测,从视频影像中抓取具有代表性的图像,生成对应的缩略图等。

3. 数字资源组合关联和著录

数字资源组合关联和著录主要包括将上述步骤中获取的对象数据部件，按需求顺序组合成一项完整的对象数据，并将其和著录的元数据及唯一标识号关联起来。

4. 数字资源的保存

对象数据生成后，将其（包括所有组成部分）与相关的结构信息和目录存储到硬件存储设备中或者其他可移动的存储介质中做永久保存。

5. 数字资源提供服务

通过特定的导入工具，将数字对象导入数字图书馆软件平台提供服务。导入过程成功与否，除了软件系统的设计和实施质量以外，与数字资源的架构设计有密切的关系。

第二节 数字信息资源服务

一、数字信息资源服务概述

(一)数字信息资源服务的概念

数字信息资源服务是指利用各种技术对信息资源的采集、组织、检索和传播等业务进行处理的一种活动。数字图书馆信息服务的内容是提供电子出版物、数据库、Internet上的各种信息。用户不仅可以得到二次文献，还可以得到文献全文及多媒体信息。

(二)数字信息资源服务的特点

1. 服务对象

数字图书馆的物质基础是要有数字化的信息资源。数字化信息是指数字资源中的信息,包括文字、图片、声音、动态图像等,是以数字代码方式存储在磁带、磁盘、光盘等介质上,通过计算机输出设备和网络传送出去最终显示在用户的计算机终端上。随着智能手机、平板电脑的普及,人们更倾向于通过移动设备来阅读信息。尤其对年轻人来说,他们主要通过移动设备浏览、阅读信息。在这种情况下,数字图书馆信息服务的对象有所改变。

2. 服务模式

在数字图书馆时代,用户查找信息不需要亲自去图书馆,这就突破了时间、空间、地域的限制。这种改变促使信息服务模式的改变,数字图书馆作为信息用户和信息资源连接的桥梁,数字图书馆的服务人员应转变理念,形成以用户为中心的服务理念,注重向读者提供定制服务、学科知识导航和个性化服务模式。以用户为中心的信息服务理念就是要最大化地满足用户的信息需求。数字图书馆信息服务模式的改变也促进了检索效率的提高。不管是数字图书馆信息服务,还是传统图书馆信息服务,信息检索都是一项必不可少的服务。传统的图书馆信息检索主要通过卡片式、索引、书本式目录等搜索所需信息。这种检索方式速度慢、效率低。而数字图书馆的数字化信息存储在服务器、磁盘或光盘上,这些信息存储设备代替了实际的物理存储空间,容量大,保存时间长,能存储更多的数字信息。同时,用户能够很快检索到所需资源,提高了服务效率。数字图书馆本身具备进行馆藏交换、资源共享、智能化检索的功能,这也使检索的效率显著提高,并且得到的检索结果更准确、更全面。

3. 服务技术

数字图书馆信息服务的技术包括两个方面:一是客观技术,二是服务者的服务技能。客观技术主要是通过网络化技术将传统的信息资源转化为存储在虚拟空间的数字化数据,并用大数据技术对这些海量数字数据进行处理。由于新技术的应用,信息服务模式的改变,信息服务者需要快速学习和掌握这些新技术和服务专业技能,满足用户的各种信息需求,以更深层次研究用户需求的信息服务。

二、数字信息资源服务的模式

数字图书馆本身就是一个数据集,每个图书馆都可以建立自己的数字图书馆,多个不同地区的图书馆也可以构建数字图书馆。这两种方式的数字图书馆都要通过数据集的交换实现资源共享,从而服务用户。基于以上情况,数字图书馆的信息服务模式的构建从宏观上可以分为单个数字图书馆信息服务的模式和由多个数字图书馆组成的数字图书馆的信息服务。

(一)单个数字图书馆的信息服务模式

单个的数字图书馆信息服务顾名思义就是对单个图书馆建立数字图书馆,并进行信息服务。单个数字图书馆是针对单个图书馆进行研究,发挥本图书馆的特色,为用户提供更好的信息服务。单个数字图书馆的信息服务模式主要有四种:基于网络的数字图书馆信息服务、基于网格的数字图书馆信息服务、基于共性需求的数字图书馆信息服务和基于知识增值的数字图书馆信息服务。

1. 基于网络的数字图书馆信息服务

传统的数字图书馆的服务对象相对固定,这种固定的读者群的形成与读者的年龄、性别、兴趣爱好、教育背景、知识结构、阅读习惯等有关。他们处于相对固定的文化背景中,对信息需求、阅读方式的选择等都有相似性。但是随着网络技术、社交网络、数字图书馆联盟等的出现,用户获取信息的需求和方式也发生了变化。数字图书馆时代能实现在有网络和访问权限的情况下随时随地获取数字图书馆的信息资源,由于不受读者必须亲自去图书馆获取信息资源的限制,只要会上网的人都可以成为数字图书馆信息服务的对象。

互联网的普及使得数字图书馆的信息资源不再是图书馆单独使用,不再仅为本馆服务,而是共享数字信息资源。通过网络实现图书馆的信息集交换,对数据进行整合,形成一个全新的开放式的网络服务系统。数字图书馆的信息服务离不开网络,网络为数字化信息高效、高速的流通奠定了基础。数字图书馆信息服务不仅包括书目的在线阅读与下载,电子文献的阅读,图书馆动态信息的浏览、查询、评价,而且包括预测用户的信息需求,为用户提供定制化的个性服务。

数字图书馆的网络服务模式有两种:被动服务和主动服务。被动的信息服务模式则是以馆员为中心的信息服务,这种服务模式以图书馆的馆员(信息服务人员)为中心,并不是将用户的信息需求放在首位,用户对信息的获取完全取决于信息服务人员,只是对所提供的信息被动接受。这种服务仅通过图书馆内部改革来提高效率,并没有考虑到服务的质量。主动式信息服务是根据用户的信息需求来提供的信息服务,是以用户为中心来提供信息服务的,主要实现用户信息服务的个性化信息服务。用户对信息服务的评价取决于信息提供者是否能够提供用户所需要的信息和获取这种信息的难易程度。主动式信息服务可以加强这两个方面的研究,以提高用户对数字化图书馆信息服务的满意度。

2. 基于网格的数字图书馆信息服务

由于技术和用户需求的发展,数字图书馆的信息服务趋向智能化、个性化。为了实现数字图书馆信息服务的这个功能,必须解决数字信息资源中数据的异构性、分布性和自治性的问题。异构性主要表现在三个方面:平台异构、信息源异构、语义异构。平台异构主要是由数字图书馆有多种硬件设备、数据库系统、操作系统等形成的;信息源异构来自数据源本身结构的不同;语义异构体现为一个词语表示多个含义或一个含义可以用多个词语表示。分布性是相对信息资源本身来说的,因为数字化信息存储在不同的数据库和虚拟存储设备中。自治性是指每个图书馆在馆藏资源和提供服务方面都有自己的自主权,并不是统一的。基于网格的数字图书馆可以对数字图书馆的资源进行整合,最大程度实现资源共享,这样就可以解决上述数字图书馆信息服务过程中出现的问题。

网格是信息社会的一种网络基础设施,其将网络上所有的信息资源,即结构化数据、半结构化数据和非结构化数据组成的各种数据库的信息资源实现互连互通,使各种信息资源实现无缝连接,构建出一个全球化的信息资源库和信息处理平台,用户可以实现全天候、随时随地获取信息服务。

基于网格的数字图书馆信息服务的特点是:用户只需一次登录就可以访问存在于不同数据库的信息资源,信息资源的共享解决了数据的重复和冗余,形成统一的数据类型,通过共享的信息可以深度挖掘用户的信息需求,从而提供信息推送服务。基于智能化的检索并对检索的结果进行优化,按用户信息需求提供知识服务。基于网格的数字图书馆中的信息资源不是静态的存储,而是不断更新变化的。

3. 基于共性需求的数字图书馆服务模式

数字图书的信息资源包括数字化馆藏资源和用户信息资源,这些信息资源是通过基于 OPAC (Online Public Access Catalogue)的资源整合方式进行集成的,通过 OPAC 系统可以实现不同类型、不同载体、本地资源与远程资源的整合和集成。数字图书馆的馆藏信息资源包括图书、期刊、报纸、声像资料、电子期刊等,对这些信息资源进行集成比较容易,因为它们大多数是结构化的数据。用户信息资源相对复杂,主要包括用户的年龄、性别、爱好、教育背景、知识结构、用户的检索习惯等,这些信息大多是半结构化数据和非结构化的数据。

数字图书馆通过 OPAC 系统对馆藏信息资源进行整合集成,形成电子期刊整合和统一的检索平台。电子期刊资源整合对全部数据库的全文期刊按照学科、主题、作者等进行资源整合,为用户提供数据来源库、刊名、主题词的快速检索,电子期刊的服务使用户通过这种方式能对电子期刊信息有全面的了解。统一的检索平台是指用户不再需要对每个数据库进行登录访问,而是通过一次登录就可以检索到不同数据库的信息资源,真正实现不同数据库之间的无缝连接,这样就避免了用户同时登录不同数据库和检索结果的重复,为用户节省了大量时间和精力。

面向用户个性化需求的对口服务包括专业知识门户站点和网络学科资源导航。专业知识门户站点就是满足重大科研项目、科研课题、优势学科的需求，对有关方面的纸质版文献进行数字化整合，对不同的数据源、数据结构、数据库数据及不同专业的数字资源进行采集、整合、分析、重组、去重，按照知识整体性和关联性对信息资源进行聚合，最终形成专业知识资源系统。用户进入知识资源系统就能获取自己所需要的信息资源，这种服务面向的是专业主题的信息增值服务。网络学科资源导航是面向用户的学科信息需求，按学科对数字化信息资源进行采集、分类、处理、整合、分析、解释，形成整体有序的学科知识体系，用户可以通过这种知识的相关性联系检索出所需要的信息资源。通过网络学科资源导航服务，用户可以在最短的时间内搜索到全面的网络资源。不同的用户对数字信息资源的需求不同，通过专业知识学习平台对图书、视频、音频、文本等信息资源进行整合，为用户提供自主学习资源环境，从而满足不同用户的不同信息需求。

4. 基于知识增值的数字图书馆信息服务

数字图书馆通过一系列技术来满足用户的信息需求。基于知识增值的数字图书馆信息服务包括在线参考咨询服务、远程教育、个性化信息定制推送服务和专业教学产业园。

在线参考咨询服务是数字图书馆信息服务的重要组成部分。通过参考咨询服务系统，图书馆员、专家与用户直接交流，更好地理解用户的信息需求，并对用户提出的问题给予快速及时的回答。通过这种及时快速的信息交流和反馈，建立面向问题解决的信息服务。

远程教育是通过计算机网络技术、通信技术、多媒体技术和现代教学方法进行的信息服务活动。它将不同地域的馆员、教师、专家、学生和教学系统连接起来，用户可以根据个人的学习方式进行人际交互、个别学习或进入虚拟教室学习，让用户获取信息不再受时间、地点、学习方式的限制，真正实现人机交互的信息服务。

个性化信息定制推送服务是以用户为中心的信息服务。这种信息服务是建立在对用户信息的挖掘和分析的基础上,用户的信息包括用户的基本信息(如性别、年龄、教育背景、知识结构、兴趣爱好)、行为信息(如检索工具的使用)以及经常搜索的网站等信息,实现用户个性化信息推送服务。这就需要分散在某个领域或者相关的几个领域的知识以主题为标准对知识进行分类、整合、集成。在个性化定制服务中,根据特定的用户信息需求,可以为用户提供定制的 Web 浏览页面、信息频道或信息栏目;也可以按照特定用户预先选定的知识门类、学科专业、信息内容等信息需求方向,采用智能软件和人工干预相结合的方法,快速组织与定制检索式,把有针对性、专业性的信息资源定时发送给特定的用户。

专业教学产业园是高校图书馆的特色文献资源,主要面向高校师生的信息资源个性化需求,将科研信息、教学信息和数字化资源信息整合在一起,把教学实施过程中产生的信息资源和图书馆的数字化信息资源进行集成,体现出高校的数字图书馆参与教学、跟踪教学、服务教学的作用。用户登录后通过导航获取教学参考资源、中外文电子期刊资源、电子图书资源及网络相关的学科站点资源。用户还可以根据个人的兴趣和需求实现专业期刊的定制、特定期刊的定制、电子图书的定制和中外文数据库中期刊论文的定制。系统会自动将实时更新的动态信息通过 Web 技术提供给用户浏览,并通过电子邮件进行推送。中文期刊论文定制是系统基于对用户信息的挖掘,分析出用户的个性化信息需求,为用户提供定制表单,通过在线资源管理系统或个人电子邮件推送给用户的。

(二)多个数字图书馆联合的信息服务

数字图书馆可以由不同地区,甚至是不同国家的图书馆共同参与,这种由多个图书馆构建的数字图书馆,在数据处理、数字化资源存储以及提供服务的内容和方式等方面都不同,而县城数字图书馆可以通过数据集之间的交换来实现资源共享的最大化,从而满足用户的信息需求。为了能真正实现数字图书馆的这种功能,实施面向多个数字图书馆的信息服务,其主要模式包括数字图书馆联盟、联邦检索服务和制定规范化的标准。

第五章　数字信息资源服务与资源配置利用

1. 数字图书馆联盟

数字图书馆联盟是在信息数据急剧增长，适应数字化社会发展的要求和满足用户个性化的信息服务的基础上产生的。以自愿原则和契约为基础的数字图书馆联盟对数字信息采集、存储、分析、检索、管理等一系列业务进行操作，在满足用户不受时间、空间、地域限制来检索信息的同时，还通过资源共享来降低各个图书馆的运营成本，提高图书馆的整体效率。

随着计算机技术、互联网技术的飞速发展，图书馆的外部环境和内部需求已经发生了很大变化。外部环境主要从物理空间和具体的组织结构进行改变，数字图书馆是将数字信息存储在虚拟空间上，而数字图书馆的联盟将这些数字图书馆信息资源组织和整合在一起，实现信息最大化的共享，这样可以为用户提供 7×24 小时信息服务。内部环境主要是在数字图书馆内部通过各种系统实现无缝连接，使数字信息资源的发现、采集、整合、集成、分析、检索更加智能化，用户可以通过已经加入数字图书馆联盟的任何一个子图书馆的用户界面输入检索式进行检索，数字图书馆通过查询器将检索式分解成很多子检索，利用智能化的检索技术对不同的数据库、知识库和系统进行遍历查询，将查询的结果通过数据处理技术进行去重、去除冗余、排序等的整合，最后将处理好的数据通过统一的输出平台反馈给用户。

2. 联邦检索服务

数字图书馆是面向用户来提供服务的，用户在使用数字图书馆系统时最想检索到的是自己所需要的信息资源。我们知道单个的数字图书馆收藏的数字化信息资源毕竟是有限的，而且很多数字图书馆收集的数字信息资源会有重复，这样不仅增加了各个图书馆的成本，而且不利于信息资源的共享，不能最大化地满足用户信息的查全率。由此可见，单个数字图书馆构成的数字图书馆在检索上需要使用联邦检索服务。

近年来，数字化资源的飞速发展，促进了检索工具的发展，使用户的检索方式更加方便、快捷，查全率和查准率也得到了显著提高。当用户需求满足后又会产生新的信息需求，这些新的信息需求又促进数字图书馆为其提供信息服务。用户信息需求和数字图书馆为用户提供的信息资源之间的良性循环为数字图书馆联邦检索奠定了基础。据不完全统计，各大高校的数据库不断增多，有些"211工程"学院的数据库超过200个。如此多的数据库存储着大量的信息资源，一方面这些信息资源能够满足用户的信息需求，另一方面由于没有对数据库制定统一的标准，每个数据库在数据结构、存储方式、检索方式等方面都存在很大差异，并且各个数字图书馆存储的信息会有重复，这对用户的检索速度有很大的影响，因为用户为了查到所需的信息不得不多次登录不同的数据库进行检索。为了提高查全率和查准率，用户需要去了解每个数据库的特点，包括数据源的构成、数据结构、检索方式等，这样用户就需要花更多的时间和精力在学习数据库的使用指南上。即使这样，用户还是会遗漏很多信息和检索到很多重复的信息。基于这个问题，用什么方法将这些来自不同类型、不同格式、不同结构的数字资源整合在一起实现资源共享，并对这些重复的信息进行处理，为用户提供集成检索服务成为数字图书馆信息服务的一个重要研究主题。

资源联邦检索是一个面向资源的统一检索系统。它的原理是用户在一个查询界面下输入检索式，可以得到来自不同数据库的数据。它的实质就是在对多个数字图书馆的信息资源进行资源共享的基础上，为用户提供更快捷、更方便的信息检索服务。

在当前的大数据时代，数字化的信息资源越来越多，这些数据中不仅包括结构化信息（如书目信息、目录信息、索引信息），还包括半结构化和非结构化信息（如用户的年龄、性别、兴趣爱好、教育背景、知识结构、常用的检索方式、用户对检索结构的评价等），大数据技术的发展为数字图书馆的信息服务提供了便利。

大数据环境改变了数字图书馆数字化信息的采集、组织、集成、分析及信息解释的方式。数字图书馆利用各种技术对网上的信息资源进行处理，将处理后的数据整合在一起形成数据仓库，通过查找数据仓库检索信息资源来满足用户的个性化信息需求。而大数据通过对数据进行处理，可以达到数字图书馆的目

第五章　数字信息资源服务与资源配置利用

标,因此将大数据技术引进数字图书馆信息服务中是一大趋势。

▶▶▶ 3.制定规范化的标准

俗话说"没有规矩不成方圆",为了让多个数字图书馆组成的数字图书馆系统正常运转,需要制定相关标准。单个数字图书馆本身就是一个复杂的数字信息系统,再由多个这种复杂的信息系统组合成一个数字图书馆系统,为了让这个系统更好地为用户服务,实现用户获取信息更便利、可持续操作和各种软硬件之间的兼容,必须制定标准。用指定的标准来约束各个图书馆,使其在对数字化信息资源的处理方式、软硬件的配置上尽量达到一致,实现信息资源最大程度的共享。在大数据时代对数据的处理需要标准,这样才能及时处理大量数据,挖掘出其价值,更好地服务用户。

三、数字资源信息化服务规划

近年来,随着计算机及网络技术在图书馆的广泛应用,图书馆信息化建设成为图书馆发展的重点目标之一。图书馆信息化是指在图书馆业务、读者、信息服务、管理等领域广泛地利用信息技术,使图书馆自动化水平逐步提高,从而转变为适应信息社会的现代化图书馆。图书馆信息化的建设是传统图书馆向现代图书馆转变的重要手段和措施。图书馆信息化是规范业务工作、提高工作效率的需要,也是加速图书馆网络化、实现资源共享、深化信息服务的需要。将计算机技术、网络技术广泛地运用于图书馆,将从整体上改善图书馆工作,并达到为读者提供多途径检索、查询、了解图书外借的去处及还回时间、读者本人借阅情况、图书借阅与读者统计数据等功能。图书馆作为社会系统的重要组成部分,与社会的信息化息息相关,没有图书馆的信息化,社会信息化是不完整、不全面的。图书馆的信息化建设就像万里长征一样,科学的信息化规划是做好图书馆信息化建设的第一步。信息化规划是指以信息化为目标,以及为实现该目标而制定的相关措施和工作计划。它是信息化建设的基本纲领和总体指向,是信息系统设计和实施的前提与依据。

(一)数字资源信息化服务的内容

从技术层面上看,包括三个主要内容:信息系统的选择与现行系统的改造、信息技术的运用、数据与数据库的建设。这三个内容是相辅相成的,信息技术是基础,信息系统是实现的路径,而数据与数据库系统是图书馆服务的基石。通过对系统和数据的把握,能为读者提供更好的服务。

1. 信息系统的选择与现行系统的改造

图书馆信息系统包含多个方面的内容,如光盘数据库系统、多媒体信息系统等,图书馆在信息化的进程中,需要将这些不同的系统融合在一起,并提供给用户使用,因而选择新的图书馆信息系统或在现有的系统上进行改造是目前图书馆工作的一个重点。

2. 信息技术的运用

在信息技术迅速发展的今天,以计算机为中心的信息技术在图书馆界得到广泛的应用,如多媒体技术、大容量存储技术、信息检索技术、触摸屏等信息技术是图书馆信息化的技术保证。在图书馆信息化建设中,馆藏数字化是其中一项重要内容,数字化涉及先进的信息技术,如信息媒体的"数字化",光、磁盘存储容量的大幅度提高等。信息技术广泛地应用在图书馆工作的各个环节中。

3. 数据与数据库的建设

在信息电子化和网络化过程中,一项基础性工作便是积累大量的各类型数据,建立数据库。一个信息化的图书馆馆藏包含以下几个内容:书目数据库、全文数据库、馆藏数字化资源、网络虚拟资源、业务管理数据、咨询用户档案等,计算机能把各种媒体(包括声音、图像、文字等)全部转换成数字信号进行处理。这样会使各种信息和信息媒介融合在数字化上,使人类实现一体化信息资源成为可能。目前,书目数据库的建设已经很成功,还需要加强其他类型数据库的建设。

(二)数字资源信息化服务规划中的平衡问题

1. 长远规划与适应变化之间的平衡

在信息化规划过程中最突出的问题之一是,既要尽可能地保持开放性和长远性,以确保系统的稳定和延续性,同时又因为规划没有变化快,再长远的规划也难以保证能跟上信息环境的变化。要解决这一问题没有非常理想的方法,相对有效的做法是在信息化规划时,认真分析图书馆信息化的战略与支撑之间的影响度,并合理预测信息环境变化可能给图书馆信息化带来的偏移,在规划时留有适当的余地,从商务战略到信息战略,做务实的牵引,不要追求大而全。

2. 组织与系统流程之间的平衡

信息化推广中一直在争论的话题是,到底应该是改变图书馆业务流程来适应软件,还是修改软件来适应图书馆业务流程。从根本上说,组织采用新技术的方式决定着新技术对组织结构和流程的影响程度,而组织及管理模式也影响着信息技术和信息系统。这就要求信息技术和信息系统在理论和应用上要不断创新,同时要具有适应变化的能力,着眼于图书馆长远的发展战略,应倾向于让图书馆业务流程适应系统。

3. 信息化规划与建设实施之间的平衡

信息化规划的目的是为信息化建设和实施提供框架指南。由于不同的参与者所站的立场不同,所以他们之间存在断层。在信息化规划阶段,通常应该是以第三方专家为主导,业主积极参与配合;而在信息化建设实施阶段,则以供应商为主导,业主参与配合。如何确保信息化规划在后期的实施建设过程中不走样,单纯靠业主去协调和监督,其效果往往是不理想的。图书馆应本着客观公正、忠于信息化规划、忠于系统需求的原则,全力推动和监控信息化建设实施过程,确保信息化规划与信息化建设实施的无缝衔接。

(三)数字资源信息化服务规划的原则

1. 整体性原则

信息化规划应纳入图书馆信息化建设战略中,要与图书馆未来的业务发展和管理发展充分结合,成为有机的整体。这样才能够真正指导图书馆信息化建设,保证图书馆信息化的整体发展方向。

2. 可扩展性原则

当今世界,科技日新月异,信息化规划应注意可扩展性,要适应新技术的快速发展,适应图书馆管理模式与业务模式的不断变化。信息环境的这些变化导致图书馆已有的信息化规划不能适应新的情况,束缚了图书馆信息化发展。因此,图书馆应根据新的情况不断调整信息化规划。

3. 适应性原则

信息化规划应适合图书馆的规模发展。不同规模的图书馆在信息化规划时有不同的要求。在规划时一定要从图书馆信息化建设的实际出发,结合本馆的信息化建设现状,了解国内外图书馆信息化的发展趋势,制定出具有本馆特色信息化建设的信息化规划。

(四)数字资源信息化规划服务的对策

1. 形势分析

首先,明确图书馆的发展目标、发展战略和发展需求,以及部门的各项业务工作。其次,研究整个行业的发展趋势和信息技术产品的发展趋势。不仅要分

第五章 数字信息资源服务与资源配置利用

析行业的发展现状、特点、动力、方向，以及信息技术在行业发展中的作用，还应掌握信息技术本身的发展现状、特点、方向，应从了解同类型馆对信息技术的应用情况，包括具体技术、实现功能、应用范围、实施手段以及成果和教训等入手，掌握图书馆目前的信息化程度和信息资源建设状况。信息化程度分析包括现有技术水平、功用、价值、组织、结构、需求和风险等等。信息资源建设状况分析的内容包括：基础设施，如网络系统、存储系统、业务处理系统；信息技术架构，如数据架构、通信架构、运算架构；应用系统，如各种应用程序；作业管理，如方法、开发、实施和管理。

2. 制定战略

根据第一部分形势分析的结果来制定和调整图书馆信息化的指导纲领，以适合的规模、适合的成本去做适合的信息化工作。首先，根据本馆的战略需求，明确信息化的远景和使命，定义信息化的发展方向和信息化在实现战略过程中应起的作用；其次，起草信息化指导纲领，它代表着信息技术部门在管理和实施工作中要遵循的业务条例，是有效完成信息化使命的保证；最后，制定信息化目标，它是图书馆在未来几年为了实现远景和使命而要完成的各项任务。

3. 设计信息化总体架构

基于以上部分而设计的信息化工作结构和模块，以层次化的结构涉及图书馆信息化的各个领域，每一层次由许多功能模块组成，每一功能模块又可分为更细的层次。

4. 拟定信息技术标准

这一部分涉及对具体信息技术产品、方法和流程的采用。它是对信息化总体架构的技术支持。通过选择应用广泛的、发展有前景的信息技术为标准，使图书馆信息化具有良好的可靠性、兼容性、扩展性、灵活性、协调性和一致性，从而提供安全、先进、有竞争力的信息服务，并且降低信息化的建设成本和时间。

5. 进行项目分派和管理

根据以上各部分,对每一层次上的各个功能模块以及相应的各项信息化任务进行优先级评定、统筹计划和项目提炼,明确每一项目的责任、要求、原则、标准、预算、范围、程度、时间的协调和配合,然后选择每一项目的实施部门或小组,最后确定对每一项目进行监控与管理的原则、过程和手段。

第三节 图书馆的数字信息资源

一、图书馆数字信息资源的共性

(一)共享性

传统的纸质文献资源,在同一时间、空间只能提供给一个人,不仅受时间、空间的限制,也受到复本数的限制。印刷数量的有限,加上流通传阅的不便,导致纸质资源在传播和共享过程中存在一定的局限性。而随着计算机技术、通信技术及多媒体技术的发展,以及终端的普及,数字资源可以突破时间和空间的限制,借助网络这个平台让不同的人在不同的地方、不同的时间共享同一资源,不用受复本数的限制,给广大的用户提供了极大的便利。正因为数字资源打破了传统图书馆之间交流不便捷的局限,现在大部分图书馆都越来越重视数字资源的建设和利用,也方便了图书馆之间的交流。所以,数字资源拥有纸质文献资源无法比拟的优越性而成为一种特殊的信息资源,但要更好地实现数字资源的共享,还需要安全的网络环境作为支撑。

(二)交叉覆盖性

交叉覆盖性包括数字资源之间的交叉覆盖和数字资源与印刷资源之间的

交叉覆盖两个部分。数字资源之间的交叉覆盖是指不同的数字资源之间有部分数据源重复,如同一篇期刊可能被收录在好几个不同的数据库中,综合性的数字资源有可能与社会资源、自然资源产生交叉重复。一般图书馆都会同时购买多个数据库或某个数据库中的某一专题,但通常情况下图书馆不会对这些数据库中的资源做逐一查重处理,因而图书馆中的数字资源都存在一定的交叉重复问题。

(三)受设备(服务器)的限制

数据资源是按照不同的方式存储在不同的独立设备(服务器)中的,从而决定了数据操作平台的不一致。再加上数字资源的传输和存储都要依靠计算机或其他移动终端(手机、Pad 等)的支持,它们不像纸质资源那么直观和真实,难以做到随时随地阅读。所以,数字资源的使用受到设备(服务器)条件的限制,同时也与其软硬件条件、兼容性、匹配性有关,离开了相应的网络环境和技术环境就难以呈现相应的信息资源。但随着手机、Pad 这些移动终端越来越智能化,这种限制也逐渐被打破。

(四)信息存在安全隐患

日益复杂的网络环境加上人为的因素,使得图书馆的数字资源在应用、传播和存储的过程中存在一定的安全隐患,主要表现在系统漏洞、计算机病毒和人为因素等方面。数据库是信息资源的重要组成部分,现在大多数图书馆的数字资源都是向供应商购买的各类数据库,因而数据库的安全关系到整个信息系统,数据库本身的失误会导致用户无法获取相应的资源或造成信息的丢失。另外,像 SOL Server、Oracle 等数据库本身就有一些安全漏洞,一旦安全措施不到位,极易发生信息外泄、数据损坏或丢失的问题。有些操作系统和图书馆用来管理电子文本、音视频文件、多媒体文件等的应用,软件系统也会存在一些安全缺陷。目前"病毒的互联网化"趋势也日益明显,病毒通过 U 盘、移动硬盘、电子邮件、木马网站等方式入侵电脑,导致文件丢失或系统瘫痪,而且这些病毒隐蔽性强,让人防不胜防。因此,在图书馆数字资源的建设过程当中,做好相应的安全措施是非常重要的。人为因素导致的信息安全问题也是不容忽视的,一方面是管理人员、设计人员对安全问题的重视不够,尤其是设计系统时,往往关注的是其性能,而忽视了安全。因为日常工作的需要,管理人员又是最常接触各种密码的,工作中的小小马虎或操作不当都有可能造成极大的安全危害,导致信息泄露或系统故障。另一方面是用户的安全意识薄弱,发现安全问题时不知如何处理,导致个人信息的丢失。或因操作上的失误,误将一些病毒和木马带到本地计算机上,对整个局域网的安全都构成威胁。

(五)便捷性和时效性

数字资源可以非常方便快捷地实时更新其自身内容,编辑和发布的流程比较简单,尤其现在各种网络平台的兴起,也为信息的传播提供了载体。再加上互联网的开放性和交互性,用户可以及时地接收各种信息或随时更改自己的作品或信息,不像纸质资源那样需要编辑、印刷和出版的过程,节省了不少时间和金钱。网上出版物和数据库的更新周期通常比较短,具有高效的动态更新和快捷的实时传递能力,这些都是纸质资源不可比拟的。数字资源的传播和存储不受时间和空间的限制,同一资源可以同时被多个用户使用,在同一个平台可以浏览和使用多种类型的资源,只要有相应的设备和程序,就可以随时随地下载所需的资源,也可以即时传递资源。

(六)多样性

数字资源的多样性主要包括三个方面:类型的多样性、形式的多样性和检索方式的多样性。不同的划分方式可以把数字资源划分为不同的类型,按载体划分,有有形的数字资源和无形的数字资源。有形的数字资源就是以光盘、软盘等为载体用以出版的数字资源,无形的数字资源就是以网络为载体传播和存储的数字资源。按所存储的信息内容划分,有电子图书、电子杂志、电子期刊和数据库等。按媒体划分,又有图像数字资源、文本数字资源、声音频数字资源等。按学科类型划分,又有社会科学资源、自然科学资源及综合资源等。按对数字资源的加工层可以分为一次文献资源、二次文献资源和三次文献资源等。

与纸质文献资源相比,数字资源不但有图像、文字这种传统形式的表达,还结合多媒体技术的应用,使声音、视频、动画、三维图像等与之结合,带给用户强烈的视觉效果和听觉效果,让阅读也变得不那么枯燥。超文本技术的发展,极大地丰富了数字资源的表达形式,扩大了信息的传播和交流范围,使用户更加容易理解和接受。

为了更好地检索到所需的信息,就要用到适合的检索方式。按照文献的外部特征来看,检索方式有按篇名检索、按作者检索、按单位检索、按摘要检索、按参考文献检索、按文献来源检索等。按文献类型来分,有期刊检索、博硕士检索、会议检索、报纸检索、外文文献检索、年鉴检索等。按文献的内部特征即内容来看,一是我们最熟悉的中图法,按照分类体系去检索所需要的文献内容,这是一种方便快捷的方式;二是按关键词检索,把所要检索的资源中起关键作用的词级抽取出来,编制成"关键词索引";三是按主题检索,是根据内容的主题性质进行的检索,把相关主题的资源都集中起来,让用户更加容易理解和掌握,也更符合用户习惯。

二、图书馆数字信息资源的特性

(一)从内容上看

1. 数量上的海量化

现代微电子技术以其高强的集成度、柔性的系统结构和严密的处理方式保证了网络信息资源具有数量上的海量特征。"海量数据"是长久以来用以形容数字信息的数量的,这个海量数据还在快速地、大量地增长。以数字信息中重要种类网络信息为例,资料显示,目前互联网上有超过40亿个公共网页,平均每天还有700多万新的网页出现。

2. 种类繁多

在网络信息中,Internet 的信息资源几乎是无所不包,而且类型丰富多样,如学术信息、商业信息、政府信息、个人信息等。除文本信息外,还包括大量的非文本信息,如图形、图像、声音信息等,包括全文信息。图书馆数字信息资源呈现出多类型、多媒体、非规范、跨地理、跨语种等特点。

3. 分布开放,内容之间关联程度强

一方面,由于数字信息资源分布分散、开放,显得无序化;另一方面,由于网络特有超文本链接方式和强大的检索功能,内容之间又有很强的关联程度。

(二)从形式上看

1. 非线性

超文本技术的一大特征是信息的非线性编排,将信息组织成某种网状结构。浏览超文本信息时可根据需要,或以线性顺序依次翻阅,或沿着信息单元之间的链接进行浏览。

2. 无序性增强

由于任何机构、个人都可自由地在网上发布信息,不受限制,很多信息不加任何整理,所以就整个 Internet 而言,信息资源杂乱无序,存储混乱,给人们利用信息增加了一定难度。

3. 交互性

数字信息资源是基于电子平台、数字编码的新型信息组织形式,多媒体不仅集中了语言、非语言两类符号,而且又超越了传统的信息组织方式,因为它能从一种媒介流动到另一种媒介;它能以不同的方式述说同一件事情;它能触动人类

的不同感官经验。多媒体本质上是互动的媒体。数字信息资源的呈现方式从静态的文本格式发展到动态的多模式的链接。

(三) 从效用上看

1. 时效性

数字信息的时效性远远超过其他任何一种信息,网络媒体的信息传播速度及影响范围使得信息的时效性增强。同时网络信息增长速度快,更新频率高也是其他媒体信息所不能企及的。Internet 信息都是以网页的形式呈现的,所有的信息都有一个具体的 URL 地址或 IP 地址作为 ID 区别于其他网上信息的标志,这是不同于其他数字或电子信息的。更新及时、变化加快,网上信息的更新和维护可以 24 小时随时进行,可根据需要不断扩充。

2. 强转移性

人类社会为使信息资源得以充分利用,总是要将信息加以转化。而网络环境下的信息资源转化是高效的。

3. 强选择性

网上信息比传统信息具有更强的可选择性。

4. 高增值性

由于数字信息资源具有共享性、时效性、强转移性、强选择性,所以它是一种成本低、产出高的可再生资源,具有高增值性。

(四) 从检索上看

(1) 信息通道的双向性和信息检索的网络性。
(2) 关联度强,检索快捷。数字信息资源利用超文本链接,构成了立体网状文献链接,把不同国家、不同地区,各种服务器、各种网页、各种不同信息资源通过结点链接起来,关联度增强了。而且各种专用搜索引擎及检索系统也使信息检索变得方便快捷。

第四节　数字信息资源的配置

一、数字信息资源配置的原则

目前各大图书馆已经购买了大量数字资源,并建立了各自的特色数据库,这些资源已成为图书馆用户的重要信息资源。图书馆在数字资源的建设当中,要合理使用经费,并对这些资源进行优化配置。要实现数字资源的优化配置应遵循以下五个原则:

(一)整体性为主,突出重点原则

在图书馆数字资源的配置过程当中,整体是首要考虑的因素,不仅要坚持"整体规划、合理布局、相对集中、联合保障"的指导方针,还要注重重点突出。因此,数字资源的配置要以整体性、系统性为主,重点突出。也就是说,不仅要全面覆盖各个领域,而且得满足重点领域的需要,建立完整系统的中外文数据库;不仅考虑到大多数人的需求,也要关注少数特殊用户的需求。同时做到分工合作,既要紧密联系又要有所侧重,避免浪费,节约经费。

(二)用户需求导向型原则

图书馆的数字资源是为用户服务的,所以满足用户的需求是数字资源配置的基础,因此在图书馆购置数字资源之前应充分了解用户的需要,以最大限度满足用户需求为目标。此外,应及时得到用户是否满意所购置的数字资源的反馈情况,及时做出相应的调整,如清除长时间访问量为零的数字资源等。

(三)效益最大化原则

效益最大化原则就是在数字资源的配置过程中合理使用经费,以最小的投入取得最大的收益。虽然效益最大化一般都出现在经济领域,但因为数字资源的建设成本和维护成本比较高,所以每年各大图书馆都会花费一笔数量不小的资金去购置新的数字资源。而数字资源的效益性反映在数字资源是否被很好地利用,是否满足了用户的需要,是否给用户的科研、教学、学习带来帮助等。这些也都是数字资源合理化配置的重要依据之一。因此,图书馆应对各数字资源的利用情况有详细了解,根据用户需要及时调整、合理预算,尽量减少重复投资、资源浪费和闲置等情况发生。

(四)可共享性原则

传统时代图书馆把信息资源拥有量作为衡量图书馆服务质量和服务能力的主要标志,非常重视信息资源的拥有权,却忽视了信息资源的使用权,甚至将其信息资源视为私有财产,不愿意与其他图书馆共享。信息时代,数字图书馆信息资源配置不是单个图书馆的独立活动,而是众多图书馆相互协作、密切配合以实现信息资源合理布局与广泛共享的过程。数字图书馆信息资源配置追求的目标不再是信息资源绝对数量的极大化和各种信息资源布局的全面化,而是讲求数字信息资源在众多图书馆当中的相对有效量以及符合用户信息需求的程度。因此,数字图书馆信息资源的优化配置,要充分考虑是否有利于图书馆之间开展密切合作,是否有利于进一步实现数字信息资源的广泛共享。

(五)系统性原则

数字图书馆信息资源的优化配置,首先,要有全局观念,要从国家、地区或教育、科研等领域的信息资源建设宏观规划与整体布局出发,根据图书馆信息资源自身建设情况及用户信息需求特征准确定位其在宏观布局中的作用,在此基础上对自身信息资源进行合理配置,这样既有利于形成一个完整的信息资源建设体系,也有利于自身效益的发挥;其次,所配置的信息资源要成体系,就是根据图书馆资源建设的任务、特点以及用户信息需求规律对特定领域的信息资源进行系统收集、合理配置,以便为用户提供长期性的、相对稳定的信息服务;最后,所配置的信息资源要讲究完备性,就是要从时间、空间、数量及品种类型四个方面尽可能保持图书馆信息资源的全面性、完整性,以满足图书馆用户多方面的信息需求。这里所言的完备性并非指图书馆信息资源建设、配置的绝对数量或规模,而是指在特定领域内图书馆所收集、配置有用信息的覆盖程度。

二、数字资源配置的优化策略

(一)对现有的数字资源进行评估和用户满意度调查

目前图书馆的数字资源都比较丰富而且种类繁多,但是其访问量、下载量等都不尽相同,所以要想对数字资源进行合理配置,需对现有的数字资源情况进行评估。例如,有的图书馆会记录各数据库的访问量,以此可以看出哪些数据库使用得多,哪些数据库使用得少。图书馆数字资源是为用户所服务的,所以用户满意度也是评价数字资源建设水平的重要指标,因此应定期或不定期对用户满意度进行调查,了解图书馆数字资源的配置是否能满足用户的需求,有无闲置或浪费,以便更好地建设数字资源以及制定以后的购置计划。

(二)优化馆藏结构,合理规划各类型数字资源比例

各种不同类型数字资源的比例关系到图书馆数字资源配置的科学性和合理性,因此要优化馆藏结构,合理规划各类型数字资源比例。首先,要根据图书馆用户的层次结构和需求特征,确定馆藏结构和类型比例;其次,对于不同

类型的数字资源采取不同的配置策略,注重电子图书、电子期刊等一次文献的拥有率,对于二次文献、三次文献,可以通过免费链接等方式满足;最后,对于文献载体形式,重要的、用户利用率高的信息资源以网络资源或电子数字资源满足用户需求,以馆际共享方式获得的资源满足用户使用率低、深层次的特殊要求。

(三)重视网络建设,加快图书馆纸质文献资源数字化进程

数字资源的建设依托于良好的网络环境,网络是实现数据传递、共享、交流的重要载体,网络环境下的信息资源共享是以图书馆自动化管理系统的高度集成化和网络化为前提的,因此应充分重视网络的建设,确保图书馆的数字资源的传递和使用能高效运行。由于纸质文献资源有不易于保存、流通性差等缺点,所以需要对一些借阅率高、馆藏资源少的印刷文献进行数字化处理,便于更好地传递和共享,提高文献资源的利用率,从而更好地满足用户的需求。

(四)加强自建特色数字资源建设

在信息化的时代,馆藏资源和数字资源的数量不是评价图书馆规模和质量的唯一标准,图书馆应重视数字资源与自身特点的融合。目前自建特色数字资源稍显薄弱,更新不够及时,有些计划中的数据库也迟迟未建成。因此,图书馆应建立有本馆特色的自建数据库,以最大限度地满足用户的需要。现在自建特色数据库都无法共享,无法进行交流,应打破这个壁垒,实现区域内图书馆数字资源尤其是自建特色资源间的共享。

(五)做好用户反馈调查

一个图书馆的数字资源配置是否合理,一方面依托于专业的测算和评估,另一方面依托于用户的反馈。是否能满足用户的实际需求,对他们有无帮助,还有

哪些部分需要改进,还需购置哪方面的数字资源,现有的数字资源是否合理,这些都需要结合数字资源实际的利用情况对用户进行调查和反馈意见的收集,以便更好地改进配置方案,为用户提供更好的服务和资源。

第五节　数字信息资源的利用

一、影响图书馆数字资源利用率的因素

(一)权威性因素

目前,中国部分数据库收录的内容可能存在权威性不足的问题。例如,国内某些博硕士学位论文数据库中存在缺失"985""211"大学主要专业的学位论文的情况。再加上某些数据库对核心期刊、权威出版社刊登的论文等数据收入的情况也不甚理想,这样的数据资源权威性不高,会导致数字资源质量下降,利用率低下。图书馆在购买、使用这样的数据库后,用户会产生对其数据资源的质疑,无法收集到有用的、认可度高的数字信息资源,可能还会对提供此种数据库的图书馆产生反感情绪。

(二)技术因素

在数字图书馆资源的开发建设与利用中,常常会涉及一些技术难题,如信息录入技术、信息压缩技术、信息存储技术、信息检索技术等都是数字化的关键技术,这些都会在不同程度上对数字资源的利用率产生一定的影响。比如,在将馆藏资源进行数字化转换录入的时候,广泛采用的光学字符识别扫描技术,是利用扫描仪将原文献转换为适合于计算机处理、存储和高速传输的数字化图像,再通过光学字符转换为机器可读的字符编码,其光学字符识别技术对原文献中字符和图像的识别能力将直接影响数字化的质量。如果识别技术低,将会导致数字

资源利用率低下。此外,数字图书馆的数字资源还对硬件设施有很高的要求,数字图书馆需要对巨量的信息资源进行储存,这就必然需要设备具有相当大的存储量,对硬件设备的规模和性能要求很高。目前,中国很多数字图书馆在硬件设施建设上仍然较薄弱,如数字图书馆系统反应迟缓,在访问数据库时会出现连接失败,或当访问量过大时,服务器会无法承受,出现死机、瘫痪等情况,还存在页面停留时间限制、系统反应时间慢导致检索中断等问题。这些因素都会影响数字信息资源的利用效果与质量。

(三)人才因素

图书馆的信息资源建设、馆藏资源数字化以及开发自身特色的数据库是一个大型的工程,它需要各类高层次、高素质的人才一起对数字资源进行规划、采集、著录、标引和评价。这就需要图书馆工作人员掌握专业技术,如信息的存储、检索、自动分类、自动标引、信息安全、信息标准化处理、数据挖掘、智能 Agent 等技术。此外,他们还需要对软件及数据库做好设备维护等工作。这些工作都要求数字图书馆的工作人员具有较高的综合素质,不仅要熟练掌握一定的计算机操作技能,还需要具备较高的信息识别及处理能力。因此,图书馆工作人员的受教育程度、专业结构、认识水平的差异等,都会对数字资源的质量产生影响。目前中国数字图书馆建设所需人才不足,复合型人才尤其缺乏。

二、图书馆数字资源利用的评估原则

(一)目的性原则

评价的首要原则是符合目的性的原则。图书馆数字资源的评价有多种多样的目的,有的是为了提高用户需求满意度而开展的资源质量评价,有的是对资源实际使用情况进行的评价,还有的是为了提高数字资源利用率而进行的评价,等等。遵行目的性原则,就是要设计符合目的的评价方案,构建适当的评价体系,从而得到一个合理的评价结果。

(二)科学性原则

科学性原则表现为评价过程的科学性和评价标准的科学性、原始数据收集的科学合理性以及评价结果的科学解读和运用。任何具体的评价都应该按照科学的步骤进行,但任何具体的评价都有其自身的特殊性,都可以在这个一般评价过程的基础上做出适当的调整,按照科学性原则,形成符合自身实际的具体评价过程。

(三)系统性原则

要实现对图书馆数字资源利用率的科学评价,就必须坚持系统性原则。系统性原则首先体现在对数字图书馆的认识是全面的,对数字图书馆持一种整体观,不偏废或过分强调某一方面。不同的角度形成不同的数字图书观,使用的评价标准也不同。要获得全面的认识,就不能站在某一个角度观察、研究数字图书馆,开展评价活动的研究者和实践者更是如此。

(四)可行性原则

评价研究也许可以建立全面的、科学的、系统的、合理的评价方案,但现实的评价活动还存在一个可行性问题,即评价必须具有可操作性才能实施,才能获得评价结果,实现评价目标。为了保证评价可行,评价方案和指标体系不能过于复杂,有时候需要放弃不切实际的指标,对指标进行整合。通过比较简单的客观数据,或者设计可行的调查方法收集主观数据,力争形成的指标体系能够体现评价目的和价值主体需要的主要方面。坚持可行性原则的关键是要抓住主要矛盾、关键矛盾,不可过于求全。

(五)主观客观相结合原则

主观评价与客观评价是相互补充的关系,设计科学的主观、客观评价相互印证,发现另一种评价方法存在的不足,从而改进、完善评价方法。根据评价活动的信息原理,事物的状态通过一些信号显示出来。主观、客观评价相互补充,可以得到更全面的评价。因此,应该坚持主观客观相结合的原则,两者不可偏废,这样才能促进评价的进步。

(六)定量定性相结合原则

定量评价、定性评价是两种主要的评价方法。定量评价以采集的数据为基础,充分运用数学工具对数据进行处理,具有科学严密的特点,力图客观真实地反映评价对象。但有时候存在评价数据难以获取的情况,这时就可以采用定性评价方法进行弥补。通过问卷调查、访谈、专题讨论等形式收集的评价信息,其生动、丰富、具有说服力的特点是客观数据不具备的。在具体设计评价方案时,要充分估计评价信息的可获得性,本着定量定性相结合的原则,灵活运用两种方法,发挥各自的优势,为实现评价目标服务。

三、提高图书馆数字资源利用率的措施

(一)进一步完善网络基础设施

计算机网络系统不仅是传统图书馆的基础,也是现代化信息服务的根基。图书馆的用户服务工作,包括网上学科导航系统的制作、网页制作与维护、数字化资源的宣传与推广、用户利用数字资源的培训、数字参考咨询工作、各种请求的处理和转换、可得数字资源的传递等,都要通过网络来实现。图书馆应通过多种渠道争取经费,对网络带宽、网络及资源服务器、用户终端配置、管理系统进行升级改造,为进一步提高数字资源的开发利用提供强有力的保障。

(二)对数字化文献进行编目,揭示完整馆藏

OPAL(联机公共检索目录)是图书馆重要馆藏数字资源系统,是网络环境

下用户利用图书馆的入口,也是反映图书馆全部馆藏,包括各种载体文献的一个窗口。对馆藏数字资源进行编目,将其 MARC 记录加入 OPAL,把数字化馆藏资源纳入目录控制,改变数据库中电子文献游离于馆藏目录控制之外的状况,使用户可以通过统一的界面,一次性检索即可获得有关主题的不同载体的馆藏信息。

(三)开展数字资源的整合工作

面对日益丰富的数字资源,用户希望图书馆提供信息查找的"统一界面"和文献内在关联的"知识导航",提供文献信息的整合检索和一步到位的服务。引进或开发资源整合软件,利用异构数据库统一检索平台整合图书馆引进的优秀全文数据库,实现一个界面上对多个异构的网络数据库进行同时检索,用户可以多途径、多角度利用馆藏资源,真正实现资源共享,从而大大提高数字资源的利用率。目前,国内也已开发出相应的数字资源整合系统,如清华同方数字资源整合系统 TPI。

(四)加强网络信息服务

网络化信息服务为图书馆提供了新的服务方式和服务内容,如电子邮件、电子文件传递、网上参考咨询、网络化信息检索、数字图书馆等网络信息服务方式,不仅为用户带来丰富的资源和方便的信息获取,而且信息传递的速度也将得到极大的提高。通过集成化定题服务、专题分析研究服务、专题检索代理以及针对特定用户群的需要进行创造性的信息产品深度加工,使得数字信息资源的利用在量与质的方面获得提高。

(五)加大数字资源的宣传力度,加强用户教育

数字信息资源种类多,使用方法不断变化。图书馆的用户群是流动人群,必须做好数字资源的宣传工作,让用户了解并使用数字信息资源,体现数字信息资

源的价值。图书馆应利用报刊、展览、宣传手册、制作有关馆藏数字资源利用的多媒体教学课件等方式,全面系统地介绍馆藏数字资源的学科特点、结构特点和使用方法与步骤,消除师生对数字资源的神秘感,帮助师生全面地掌握馆藏电子资源的使用方法,提高数字资源利用率。同时,采取专题讲座、学科馆员制等途径,加大信息用户对数字信息资源获取的努力,使已有的数字信息资源充分开发利用,解决不可获得或获取不用的问题,使巨额投资引进的数字馆藏发挥作用。

(六)积极引进、培训各类专业人才

信息服务是一种知识密集型行业,人才尤为重要。在理论水平方面,从业人员要具有强烈的超前的信息意识,有敏锐的洞察力和较强的超前思维能力;在知识结构方面,从业人员要掌握文献信息学和计算机科学知识和技能;在人才层次结构方面,应有自动化设计人员与维护人员,网络资源建设人员、检索与网络维护人员,数字化信息转换人员等。图书馆应该利用多种形式加强对馆员的培养,同时以不同的方式引进人才,建立适应数字化要求的馆员队伍,从而建成、维护、管理和利用好整个数字资源馆藏体系。

参考文献

[1] 王春玲.地市级数字图书馆资源建设与阅读推广研究[M].沈阳:沈阳出版社,2020.

[2] 陈庆标.数据库技术及其在数字图书馆中的应用[M].赤峰:内蒙古科学技术出版社,2020.

[3] 邵燕.数字图书馆推广理论与实务[M].北京:国家图书馆出版社,2020.

[4] 郝芳.数字图书馆服务管理研究[M].天津:天津科学技术出版社,2020.

[5] 崔蕾.现代数字图书馆发展研究[M].长春:北方妇女儿童出版社,2020.

[6] 李德升.数字出版与数字图书馆专题研究[M].北京:金城出版社,2020.

[7] 王鹏.公共图书馆数字文化建设[M].济南:济南出版社,2020.

[8] 李丽丽.图书馆数字信息资源建设研究[M].海口:南方出版社,2020.

[9] 徐军华.数字环境下高校图书馆业务流程重组模式研究[M].北京:国家图书馆出版社,2020.

[10] 司占军,贾兆阳.数字媒体技术[M].北京:中国轻工业出版社,2020.

[11] 陈幼华.高校图书馆阅读推广理论与方法[M].北京:朝华出版社,2020.

[12] 魏东原,张军.数字时代的科技知识服务[M].广州:广东科学技术出版社,2020.

[13] 戴艳清.基于用户体验的公共数字文化服务营销研究[M].北京:知识产权出版社,2020.

[14]李小贞,宋丽斌,赵毅.现代馆藏管理与资源建设[M].长春:吉林人民出版社,2020.

[15]牛世建.高校数字图书馆建设研究[M].延吉:延边大学出版社,2019.

[16]林团娇.数字图书馆资源建设研究[M].延吉:延边大学出版社,2019.